KB203650

니고데모

순교자가 되다

니고데모 순교자가 되다

펴낸날 ｜ 2022년 12월 1일

지은이 ｜ 안 문 훈
펴낸이 ｜ 허 복 만
펴낸곳 ｜ 야스미디어
등록번호 제10-2569호

편 집 기 획 ｜ 디자인드림
표지디자인 ｜ 디자인일그램

주　소 ｜ 서울시 영등포구 양산로 193, 남양빌딩 310호
전　화 ｜ 02-3143-6651
팩　스 ｜ 02-3143-6652
이메일 ｜ yasmediaa@daum.net
ISBN ｜ 978-89-91105-27-0
정가 15,000원

니고데모
순교자가 되다

Martyr

안문훈 지음

YAS야스

순례를 시작하며

이스라엘의 산헤드린 공의회 의원은 모두 70명이었고 니고데모는 그중의 한 명이었다. 모세를 보좌했던 70인 대표에 기원이 있으며 율법적인 문제에 대하여 최종 결정권한을 갖는다. 형사사건도 처리할 수 있으며 사형도 선고할 수 있으나 예수님 당시 로마의 승인이 있어야 하고 집행도 그러하다.

공의회 의원이 덕망과 사회적 지위가 있어야 한다는 전제를 생각할 때 니고데모 역시 최상위층 인사 중 하나였을 것이다. 그런 전제를 깔고 요한복음 3장을 기반하여 이야기를 엮었다. 과거, 다윗의 영을 성령께서 특정 시기와 장소와 상태로 인도하셔서 신령한 예언을 쏟아내게 하셨는데 이 글을 쓰면서 그러한 은혜를 구했다.

이 글의 목적은 성경에서 짤막하게 언급된 니고데모와 예수님과의 대화 이후, 그의 변화를 추적함으로써 당시의 지식인들에게 예수님의 가르침이 어떻게 영향을 끼쳤는가를 살펴보려는 것이다. 또한 오늘의 지식인들에게도 기독교 복음이 세상 학문을 넘어서는 생명과 진리에 관한 것임을 증거하려는 의도도 있다.

그는 예수 그리스도의 심판에 찬성하지 않았고 이것이 다른 의원들의 의혹과 미움을 샀다. 뿐만 아니라 십자가 처형 후 아리마대 사람 요셉과 함께 고운 베와 몰약과 침향을 다량 가져다가 장례를 도왔다. 전승에 의하면 니고데모는 사형수를 장례 지낸 일과, 거기에 시신탈취죄를 덧씌워 중형을 선고받았으나 하나님의 인도하심으로 탈옥했고 결국엔 그 일로 인하여 순교했다고 한다.

몇몇 등장인물들과의 신학적이고 철학적인 담론은 매우 소중했다. 이같은 접근을 통하여 기독교적인 묵상이 그리스 철학을 비롯한 여러 철학적 사변에 비해 지적으로도 그것을 뛰어넘어 진리의 실체에 접근할 수 있음을 알게 된다.

뿐만 아니라 니고데모의 사색과 그 열매들이 논리적인 결과만이 아니라 예수 그리스도의 놀라운 능력의 드러남에 기반한다는 것, 사도바울이 간단하게 진술한 대로 지식을 추구하는 헬라인들에 비해 히브리인들이 기적을 추구했다지만 니고데모는 근본적이고 지적인 복음의 논리성을 추구했다.

나는 말씀에 매우 민감히 반응했던 사도 요한을 자연스레 연결할 수 있었다. 니고데모와 사도 요한의 만남이 담론의 연결 고리가 되도록 했다. 또한 예수님의 십자가 죽음 직후 아리마대 사람 요셉과 함께 장례 지내면서 믿음의 동지가 되었던 그와의 교제도 소중한 담론으로 이어질 수 있었다.

한 율법학자가 예수님과 단 한 번의 만남을 통해, 그리고 그 만남에서 얻은 교훈의 말씀을 통해 순교의 경지에 이르렀다는 것은 경이롭다. 그것이 말씀의 능력이고 복음의 능력인데 성경이 증거하는 니고데모의 믿음은 매우 담대했다. 제자들도 두려워 거의 자리를 뜬 상태에서 종교지도자들에 의해 정죄 받은 사형수를 장례 지낸다는 것은 결코 아무나 할 수 없다.

필자가 역점을 둔 것은 한 지식인에게 들어간 복음이 어떻게 영향을 미쳤나를 살피는 과정에서 복음의 본질적인 문제들을 심도 있게 파고드는 것이었다. 오늘도 하나님께 대한 열심과 이를 지적으로 파고드는 한 사역자에게 성령께서 영감을 주신다는 것을 확신한다. 그런 믿음이 있었기에 집필할 수 있었고 글을 쓰는 내내 영감의 샘물을 퍼 올리게 하신 하나님께 감사의 고백을 올려드린다.

끝으로 신학적 에세이 다섯 편을 부록으로 싣는다. 칼 바르트, 슐라이에르마허, 에밀 브루너, 디트리히 본회퍼, 폴 틸리히의 신학을 살펴보고 그들의 장단점을 나름대로 분석해보았다.

나는 오랫동안 미술선교를 해왔고 저술 활동을 해 왔는데 제반 사역들이 신학적으로 건전한 토대 위에 서야만 하는 것이었다. 이를 위해 종말론, 조직신학, 현대신학 등을 공부했다. 그럼에도 나의 신앙인격을 이루고 있는 것은 성령께서 빈번하게 (frequency) 깨달음을 주신 것들이었고, 그것은 때때로 엄청난 기쁨이었으며 놀라운 충격이었다. 늘 진리의 깊은 골짜기로 인도하시는 하나님 아버지께 감사와 영광을 올려드린다.

2022년 겨울의 문턱에서
안　　문　　훈

차례

회의하는 니고데모

율법을 지켜 구원을 받는 것이 가능할까? 모든 법을 다 지키다가도 하나를 어기면 죄인이 되는데... 그래서 제사장이 염소와 황소를 잡고 살과 피를 하나님께 드려 용서를 구해야 하는데...

그런데 나는 날마다 죄를 짓는다. 아니, 하루에도 몇 번씩 죄를 짓는다. 그래서 죄가 늘 나의 양심을 가시처럼 찌른다. 내가 마음속으로 짓는 은밀한 죄들, 이기적이고 독선적인 모습들, 다른 사람은 모르지만 하나님은 다 아신다.

내가 동료 공의회원들의 행태를 보며 얼마나 분노했던가. 자기네들끼리 분파를 만들어 불의한 것을 눈감아 주고 이권을 취하는 자들을 나는 너무나 많이 보아왔다. 나는 그자들을 도저히 용서할 수 없다. 내가 너무 민감한가? 이제 그자들과 눈을 맞추는 것도, 한자리에 앉아 토론하는 것도 싫다. 싫은 정도가 아니라 지겹다. 여러 해 전부터 가식적인 자들과 함께 식사하는 것도 가급적 피하고 있다. 나는 그들을 미워한다. 물론 죄를 미워하되 사람을 미워해서는 안되지만 그것이 마음대로 되지 않는다. 하나님의 형상을 닮은 사람을 미워해서는 안되는데... 그들을 정죄하는 마음으로 가득하지만 사실은 나 역시 별수 없는 자 아닌가. 그래서 지극히 거룩하신 하나님 앞에서 이런 미움의 마음을 가지고 산다는 것이 언제나 죄스럽다.

하나님을 믿는 근본 목적이 이 땅이 아니라 하늘나라의 영원하고도 참된 안식에 있는 것 아닌가? 이것은 기초 중의 기초이다. 그런데 난 아직도 이 문제를 해결하지 못하고 있다. 내 고민을 모르는 사람들, 특히 나의 제자들은 존경의 눈으로 나를 쳐다본다. 나 같은 자가 과연 존경을 받을 자격이 있는가? 내가 사람들에게 율법을 가르칠 자격이 있는가? 난 율법을 열심히 공부하며 계명대로 살고자 무진 애를 써왔다. 하지만 난 아직 구원에 대한 어떤 비전도 갖지 못하고 있다. 내가 구원받을 수 있는가. 이런 상태로 살다가 죽으면 나는 어떻게 되는가? 나는 구원의 확신이 전혀 없다. 내가 구원에 이르지 못한다면 갈 곳은 지옥밖에 없는 것 아닌가?

난 헬라철학에 신통한 뭐가 있나하여 소크라테스와 아리스
토텔레스와 플라톤의 서적들을 구해 열심히 읽었지. 스토아파
들은 오로지 물리적인 것만이 진정한 실체라 하는데 그렇다면
영혼은 없고 몸뚱이만 중요하다는 것이잖은가? 플라톤은 이성
을 중시하면서 보이는 것을 모두 초월하는 [초자애가 진정한
영혼이라 했지. 그는 또 절대자, 초월자에 대해 말했지만, 우리
가 믿는 하나님과는 분명 차이가 있다.

철학자들은 이스라엘의 역사 속에 개입하셔서 온갖 기적을
베푸셨던 하나님을 전혀 알지 못한다. 그런 그들에게 구원이
있을 리 만무한 것이라고 나는 생각한다.

피타고라스는 어떻고? 영혼이 완전한 상태로 정화되어 신의
영역으로 들어갈 때까지는 환생을 되풀이해야 한다고 하는데
그건 결코 받아들일 수 없는 논리다. 사람이 어떻게 죽고 나고
를 반복할 수 있단 말인가? 우리 히브리인들에게는 어림없는
소리야. 그들도 결국은 나처럼 구원의 문제를 붙들고 씨름하고
있는 거겠지. 그러나 그들은 아직 우리 수준에 한참 못 미친
상태라 말할 수밖에 없어. 역사를 진행하시고 놀라운 기적들을

통하여 우리 이스라엘 민족과 함께하셨던 하나님을 전혀 인식하지 못하고 있어. 그자들의 논리는 눈먼 자들의 현란한 말 잔치일 뿐이야.

우리는 거슬러 거슬러 다윗 모세 야곱 이삭 아브라함으로 올라가 시조 아담에 이르는 혈통을 가지고 있다. 우리는 하나님께서 지으신, 하나님의 형상대로 만들어진 자들이야. 하나님은 만물을 무에서, 존재의 아무런 건더기도 없는 상태에서 창조하셨다. 그보다 더 확실한 것이 어디 있는가? 그런데 존재의 근원이 불이라고? 물이라고? 그렇게 정신 나간 소리를 하면서도 이성으로 하나님을 알 수 있다고? 그것이 가능하다고 생각하는 사람들은 공상 속을 헤매고 있어. 하나님이 자신을 드러내시고 만나주셔야만 알 수 있음을 왜 모르는가. 우리 믿음의 조상 아브라함과 이삭과 야곱, 그리고 모세와 다윗도 하나님께서 자신을 계시하시고 만나주셨기 때문에 하나님에 대하여 말할 수 있었잖은가?

나사렛에서 왔다는 예수라는 사람이 얼마 전 끝난 유월절 중에 성전에서 많은 병자들을 고쳤다던데... 소경과 귀머거리, 절름발이와 중풍병자를 고쳤다 해서 사람들이 술렁거렸다는데…

뿐만 아니라 그 사람의 가르침을 듣고 많은 이들이 변화를 받았다는데... 그는 주로 하늘나라와 구원에 대해 말했고 사람들에게 확신을 심어주었다는데...

그를 한번 꼭 만나봐야겠어. 그 사람은 말만 하는 것이 아니라 그 말에 합당한 능력을 나타낸다 잖은가. 예전의 선지자들도 그 예수라는 분처럼 많은 기적을 일으키지 못했지. 그가 일으키는 이적들은 그저 기적으로 끝나는 것이 아니야. 망가진 한 인생과 한 가족을 회복시키고 있어. 내가 아는 이웃 노인은 귀먹고 말 못 하는 아들이 예수가 손을 얹어주어 정상이 되었다고 기뻐하며 동네 사람들을 초대해서 잔치를 벌였다는데... 그 노인은 하나밖에 없는 아들이 장애자로 사는 것이 마음 아파 늘 근심 어린 얼굴을 하고 다녔는데... 우연히 길에서 만난 그 노인의 얼굴이 아주 환해졌더군. 그게 중요한 거야. 하나님의 은총, 하나님의 회복케 하시는 은혜가 그 집에 임하니 얼마나 좋은가. 본디 하나님은 질병을 원치 않으시고 평화와 자유를 원하시는 분 아닌가? 과거 미리암의 문둥병을 고쳐주셨고 장대에 높이 달린 구리뱀을 쳐다보기만 해도 모든 사람을 다 낫게 하신 사랑과 자비와 권능의 하나님이잖은가?

하지만 내 체면에 그 예수를 찾아간다는 것이 적절한가? 혹 다른 이가 알면 나의 체면은 뭐가 되는가. 우리 공의회 의원들은 대부분 그 사람을 회의적으로 보고, 어떤 사람은 마귀의 힘을 빌어 기적을 일으킨다고 비난하던데... 도대체 마귀가 어찌 선을 행하겠는가? 어떻게 그런 악한 자가 사람에게 회복과 평화와 쉼을 주겠는가? 하나님이 보내신 분이 아니라면 어떻게 그처럼 선한 일을 많이 할 수 있는가? 그 사람은 자기를 과시하기 위하여 그런 일을 하는 것이 아니라 하늘나라와 구원을 가르친다 하지 않는가?

그래, 내 친구 엘르앗이 그의 조카 요한을 통해 놀라운 기적에 관해 이야기를 들었다 했지. 요한은 그 예수의 제자라 했어. 엘르앗은 나와 절친이니 믿고 요한에게 기별을 넣도록 하면 어려움없이 만날 수 있을 거야.

그렇게하여 니고데모는 어렵지 않게 예수님의 제자 요한을 만날 수 있었다. 예수와 그 일행은 유월절 축제가 끝난 후 갈릴리로 돌아갔다. 그런데 평소 친하게 지내는 엘르앗 의원이 뭔가 처리할 일이 있어서 요한을 자기 집에 며칠 묵도록 붙들어 두었다. 그 일이 시편 전체를 필사하는 것이었고, 요한이 총명하고 글솜씨가 좋아 이를 믿고 맡길 수 있는 사람이라 했다.

니고데모는 요한을 만난 자리에서 예수와 그의 가르침이 무엇인지를 물어보았다. 그는 대뜸 "예수님은 하나님께서 보내신 그리스도이십니다. 그분은 하늘나라의 복음을 전파하기 위해 오셨고 그분이 일으키시는 치유와 귀신을 내어쫓는 기적들은 그분의 말씀이 참되다는 것을 증거하는 것입니다.

의원님!

그분의 가르침을 직접 확인해 보시길 원한다면 내일 저와 함께 갈릴리로 가시지요. 길이 멀므로 일찍 출발하셔야 합니다." 하였다. 이에 니고데모가 한참을 생각하더니 결심이 선 듯 말했다.

"좋아요. 그렇다면 내가 마차 한 대를 준비해 놓겠소. 얼굴을 내놓고 다니는 것이 안 좋으니 마차를 타고 가면 눈에 띄지 않게 다녀올 수 있을 것이요. 대신 아무에게도 말하지 않아야 합니다. 내 친구에게도."

두 사람은 사람들이 나다니기 전 일출 무렵에 기드론 골짜기 큰 상수리 나무께에서 만나기로 하고 헤어졌다.

메시아를 만나다

다음날 아침 니고데모는 마차를 타고 평상복에 두건을 쓴 차림으로 약속장소로 갔다. 요한이 일찍 나와 기다리고 있었다. 두 사람은 가면서 많은 이야기를 나눴다. 요한은 니고데모의 궁금증을 많이 풀어주었다. 하지만 아직 율법과 구원의 관계에 대해서는 의문이 풀리지 않았다. 요한은 그 예수에 대하여 전폭적인 신뢰를 한다지만 니고데모는 믿는다는 것 하나로 모든 것이 해결된다는 것을 도저히 납득할 수 없었다. 구원과 영생이 그처럼 단순하다면 우리 조상들은 왜 율법에 목을 매고 살았겠는가 하는 의문이 들었다.

정오가 가까워지면서 허기가 몰려왔다. 말에게 물도 주고 휴식을 주어야 했다. 마부가 아까부터 뒤를 돌아다보며 헛기침을 하는 것이 좀 쉬어가자는 눈치였다. 저 멀리 앞을 보니 큰 나무 몇 그루가 서 있는 것이 보였다. 마부에게 일렀다.

"저기 보이는 나무 그늘에서 좀 쉬었다 가세. 내 물과 음식을 좀 가져왔으니 좀 요기를 해야겠네."

그렇게 쉼터로 가까이 다가가는데 장식을 요란하게 단 눈에 익은 마차가 보였다. 사사건건 니고데모와 대립각을 세우는 야알렛의원의 마차였다. 니고데모는 급히 마부에게 "아닐세. 좀 더 가다 쉬세" 하며 계속해서 마차를 몰도록 지시하였다. '이런 데서 야알렛과 조우하는 건 매우 좋지 않아. 꼬치꼬치 캐물으면 입장 난처해질 수 있어.' 마차는 다음 쉼터가 나올 때까지 한참을 달려 겨우 쉴 수 있었다. 마침 그 쉼터에는 나그네를 대상으로 포도주와 건포도를 파는 상인이 있어서 얼마간 음식을 보충할 수 있었다. 길에서 조금 떨어진 곳에는 물웅덩이가 있어서 마부가 물을 떠다가 말 두 마리가 양껏 마실 수 있도록 하였다. 세 사람은 포도주에 준비해간 빵을 적시어 먹으며 웬만큼 배를 채웠다. 마실 물도 아내가 가죽부대에 충분한 양을 담아주어서 아무런 문제가 없었다. 아직도 갈 길이 멀어 일행은 서둘러 떠났다. 해가 서쪽 언덕에 한 팔 길이쯤 남았을 때 한 마을에 도착했다. 요한이 다 왔다고 말하였다.

그런데 사람이 많이 몰려있는 것이 문제였다. 저네들에게 자기의 얼굴이 보여지고 신분이 노출되는 것을 극도로 꺼리는 니고데모였다. 마차를 일단 세우도록 하고 요한에게 미안한 듯이 말했다.

"나는 괜찮으니 자네는 들어가 보시게. 스승님한테 나의 이야기를 전하고 해가 넘어간 후 사람들이 다 돌아가면 나에게 기별을 주게나."

그동안엔 마을이 보이는 지점에서 속절없이 마차 안에서 기다릴 참이었다. 해가 지고도 어둑어둑할 무렵 요한이 마차로 돌아왔다. "선생님, 오래 기다리게 하여 죄송합니다. 환자들이 거의 돌아간 것을 보고 나왔습니다. 오늘은 그래도 일찍 끝난 편입니다. 여기 오면서 선생님이 잡수실 것을 좀 가져왔습니다. 저희 일행을 위해 봉사해 주는 여인네들이 몇 분 계셔서요. 우리 스승님도 매우 시장하실 때인데 식사를 마치실 때쯤 의원님을 모셔오기로 말씀드려 놓았습니다."

날이 어두워졌고 니고데모는 요한의 안내를 따라 예수께서 거처하시는 꽤 큰 집 이층으로 올라갔다. 이층방은 꽤 넓어보였는데 기둥 두 개에 등불이 켜져 있었고 긴 탁자가 놓여있었다. 예수께서는 의자에 앉아 벽에 몸을 기댄 채 편안히 쉬고 계셨다. 등불이 예수님의 얼굴을 위에서 비추고 있었고 탁자

한가운데에도 등잔대를 놓아 불빛이 펄럭거리며 빛을 내고 있었다. 또한 제자들 몇이 방 한쪽의 또 다른 탁자에 앉아서 예수님 쪽을 바라보며 쉬고 있었고 개중에는 바닥에 앉아 벽에 등을 기대고 더 편안한 자세로 휴식을 취하고 있었다.

예수께서 평화로운 미소로 니고데모를 맞았다.

"어서 오시오. 이스라엘의 이름난 선생이 먼 길 오느라 고생이 많았소."

니고데모가 그 말을 받아

"아닙니다. 최근 선생님에 관한 놀라운 이야기들을 들었고 이리로 오면서 동행해 준 제자를 통해 선생님의 가르침에 대해 소상하게 들었습니다. 정녕 하나님이 함께하시기에 그 놀라운 일들이 일어났다고 생각하고 있습니다."

"진실로 진실로 내가 말합니다. 사람이 거듭나지 않으면 하나님 나라를 볼 수 없습니다."

예수께서는 그의 의중을 다 아시는 듯 바로 본론으로 들어가셨다. 니고데모는 흠칫 놀라며 '다시 난다'라는 말의 무엇일까를 곰곰 생각해 보았으나 알 수 없었다.

"저처럼 나이 많은 사람이 다시 태어날 수 있습니까? 제가 다시 어머니의 뱃속에 들어갔다 나올 수야 없지 않겠습니까?"

하지만 예수님의 이어지는 말씀은 확고했다.

"진실로 진실로 내가 말합니다. 사람이 물과 성령으로 나지 않으면 하나님의 나라에 들어갈 수 없다는 나의 말을 놀랍게 여기지 마시오. 바람이 임의로 부는데 그 소리는 들어도 어디서 와서 어디로 가는지 알지 못하는 것처럼 성령으로 난 사람도 다 그러합니다."

"어떻게 그런 일이 일어날 수 있습니까?" 예수님의 거듭되는 다시 나야 한다는 말씀이 니고데모에겐 아무래도 이해가 가지 않았다. 예수님이 안타깝다는 듯 말씀을 이어가셨다.

"진실로 진실로 우리는 아는 것을 말하고 본 것을 증언합니다. 그러나 종교지도자들은 나의 증언을 받지 않습니다. 내가 땅의 일을 말하여도 믿지 않는데 하늘의 일을 말하면 어떻게 믿겠습니까? 하늘에서 내려온 자 곧 인자 외에는 하늘에 올라간 자가 없습니다. 모세가 광야에서 뱀을 든 것 같이 인자도 들릴 것이요. 이는 그를 믿는 자마다 영생을 얻게 하려는 것이오."

예수께서는 잠시 허공을 응시하시더니 무언가 중요한 결심을 하신 듯 일어서서 큰소리로 단호하게 말씀하셨다.

"하나님이 세상을 이처럼 사랑하사 독생자를 주셨으니 이는 그를 믿는 자마다 멸망하지 않고 영생을 얻게 하려 하심이라. 하나님이 그 아들을 보내신 것은 세상을 심판하려 하심이 아니요, 그로 말미암아 세상이 구원을 받게 하려 하심이라. 그를 믿는 자는 심판을 받지 아니하고 믿지 아니하는 자는 하나님 독생자의 이름을 믿지 아니하므로 벌써 심판을 받은 것이니라."

예수님이 큰소리로 특별히 힘주어 말씀하시는 바람에 방 한쪽에 있던 제자들 모두가 예수님을 주목했고 말씀 끝에 다들 "아멘!"하고 응답했다.

니고데모는 이 말씀이 제자들만을 위하여, 그리고 자신을 향해서만이 아니라 세상 모든 사람들에게 선포하시는 말씀인 것을 알아차렸다. 니고데모는 그 위엄있고 확신에 찬 말씀에 아무런 할 말이 없었다. 그 말씀이 니고데모 안에 커다란 파문을 일으켰다. 그는 한 말씀 한 말씀을 마음에 깊이 새겼다.

예수님과의 대화는 오래가지 못했다. 아래층에서 떠들레 하는 소리가 들리는데 제자들과 환자를 데리고 온 사람들이 실랑이를 벌이는 모양이었다. 그때 모든 상황을 다 아시는 듯 예수께서 요한을 쳐다보며 "들여보내도록 하라." 말씀하셨다. 니고데모는 머리를 숙여 인사를 하고는 그 이층방에서 물러 나왔다.

요한이 마차까지 배웅하면서 "선생님이 말씀하시는 물은 요한의 세례를 의미합니다. 그리고 주님은 성령이 오셔야 한다는 것을 종종 말씀하셨습니다. 그것은 우리가 성령을 받고 안으로부터 새로워져야 함을 의미할 것입니다. 하지만 저희도 성령에 대하여 아직 확실하게 알지 못합니다. 때가 되면 알게 되겠지요. 어두운 밤길에 살펴 가십시오."

요한과 작별한 후 왔던 길을 되돌아 예루살렘 쪽으로 방향을 잡았다. 이 밤에 예루살렘까지 가는 것은 아무래도 무리일 듯싶었다. 마부와 상의하여 여관이 나올 때까지 가 보기로 하였다.

'그래, 거듭나야 한다는 말씀은 피타고라스의 주장처럼, 또는 인도의 석가모니처럼 환생이나 윤회를 의미하는 것이 아니다. 성령으로 새로워져야 한다는 것은 다윗처럼, 이사야나 예레미야 선자자들처럼 우리의 자아가 내면으로부터 새롭게 되는 것일텐데...

그렇다. 이사야 선지자가 메시아의 탄생과 고난에 대하여 예언한 것이 있었지. 다윗도 그러했고... 그렇다면 이 예수라는 분이 선지자들이 예언한 바로 그 그리스도란 말인가? 그래, 그분의 눈빛은 저 새벽 별빛처럼 신비하고 맑았어. 그분의 말씀 하나하나가 의미심장해, 자기가 높이 달릴 것이라 했는데 대신 저주를 받은 모세의 구리뱀처럼 저주물이 된다는 말씀이잖은 가. 구리뱀이 대신 백성들의 저주를 받아 그것을 쳐다본 사람 은 다 나았지. 대단히 신비한 일이었어. 예수님의 말씀은 자기 가 백성들의 죄를 대신해서 고난을 당할 것이라는 의미잖은가.

다윗과 이사야는 메시아의 고난에 대하여 매우 상세하게 예 언했었다. 집에 돌아가면 두루마리의 그 부분을 다시 잘 살펴 보아야 하겠어. 아무튼 그분과의 짧은 만남은 매우 인상적이 었어.'

털털거리는 마차에 몸을 맡긴 채 생각에 잠겨있는데 마부가 '워워!' 하더니 마차가 섰다.

"여기 여관이 있는데 어찌할까요?"

"어, 그래요? 내립시다. 하룻밤 묵어서 갑시다.

'니고데모는 허름해 보이는 여관에 몸을 뉘었다. 창밖의 하 늘엔 별이 총총했다. 몸은 피곤했지만 이상하게도 정신은 말짱 했다. 무언가 머릿속의 잡스러운 것들이 다 씻겨져 내린 것 같 은 기분이었다.

그분은 나를 대뜸 이스라엘의 이름난 선생이라 하였다. 그 말에는 마치 나의 속사정을 꿰뚫는 것 같은 예리함이 느껴져 매우 조심해서 대해야겠다는 생각을 했었다. 하지만 그분의 조용한 미소와 그러면서도 힘있는 어조는 사람의 마음을 강하게 끌어당기는 무언가가 있어 보였다.

"이스라엘의 이름난 선생" 내가 그런 평가를 받을만한 위인이 못된다는 것은 누구보다 내가 잘 안다. 그분이 말씀은 그리 하셨지만 하늘의 진리를 제대로 알아듣지 못하는 나를 안쓰럽게 여기시는 뜻도 있었다.'

니고데모는 예루살렘에서 꽤 큰 규모의 서원을 오래전부터 운영하고 있었다. 그는 일찍이 헬라철학과 수사학 등을 공부했으므로 율법학자들 중에서도 자기만의 특별한 세계를 가지고 있었다. 시시콜콜한 율법의 세부규정보다 창세기를 깊이 연구하면서 그것을 철학에 연계하여 많은 제자들을 가르쳤다. 당시 가말리엘이 많은 이들의 존경을 받고 있었는데 그만큼은 아니더라도 자신의 특별한 영역을 가지고 있었던 것이다.

니고데모는 특별히 갑자기 일어서서 큰 소리로 말하던 그분의 모습은 위대한 한 예언자의 모습이라 생각되었다. 그 말씀에는 하나님이 그리 말씀하도록 하셨다는 확신을 주었다.

"누구든지 하나님의 독생자를 믿는 사람은 영생을 얻게 되리라."

'내가 고심해온 명제가 구원이고 영생이었는데 바로 그에 대하여 말씀하신 거야. 그분은 믿음을 강조했다. 믿는다는 것, 그것이 모든 율법을 철저히 지키는 것보다 중요하다는 것인가? 그분을 믿는 것 하나로 하나님의 자녀가 되고 영생을 얻게 된다면 이것은 너무 쉽지 않은가? 구원과 영생의 대단한 명제가 그리 단순하게 풀릴 수 있는가? 하지만 우리의 행위를 통해 모든 것을 낱낱이 살피시는 하나님의 마음에 들도록 하는 것은 결코 가능한 것이 아니야.

그가 혹 감언이설로 율법의 무게에 짓눌려 있는 사람들을 현혹하려는 것은 아닌가? 하지만 율법을 철저히 지켜보려고 무던히 애쓴 내가 이처럼 번민했는데... 나 말고도 그 대단한 열성을 가진 율법사들을 포함한 바리새인들도 죄에 연루되어 한 사람 한 사람 맥없이 쓰러지는 것을 숱하게 보아오지 않았던가? 나의 긴 구도자적 생활에서 율법을 통한 어떤 평화와 기쁨도, 확신도 없었는데,.. 그럼에도 율법만을 붙드는 것은 미련한 것이잖은가.

사랑의 하나님이요, 자비의 하나님이신데 백성들 모두가 진정한 구원의 길을 알지 못하고 이처럼 헤매는 것을 원치 않으실 것이다. 그래서 메시아를 약속하신 것이고, 우리는 메시아를 기다린 것이다. 이사야서에 예언된 현란한 메시아의 출현과 그의 나라, 그 메시아는 그분의 말씀대로 하나님의 보냄을 받아야 한다. 더 지켜보자. 시간이 해결해 줄 것이다.'

다음날 점심때가 되기 전에 니고데모는 무탈하게 자신의 집에 도착했다. 그리고는 서둘러 시편과 이사야 두루마리를 꺼내서 메시아에 관한 여러 예언들을 면밀히 살펴보았다.

"한 아기가 우리에게 났고 한 아들을 우리에게 주신 바 되었는데 그의 어깨에는 정사를 메었고 그의 이름은 기묘자라. 모사라. 전능하신 하나님이라. 영존하시는 아버지라."

"이새의 줄기에서 한 싹이 나며, 그 뿌리에서 한 가지가 나서 결실할 것이요. 그의 위에 여호와의 영, 곧 지혜와 총명의 영이요, 모략과 재능의 영이요, 지식과 여호와를 경외하는 영이 강림하시리라."

"그는 실로 우리의 질고를 지고 우리의 슬픔을 당하였거늘 우리는 생각하기를 그는 징벌을 받아 하나님께 맞으며 고난을 당한다

하였노라. 그가 찔림은 우리의 허물 때문이요, 그가 상함은 우리의 죄악 때문이라. 그가 징계를 받음으로 우리가 평화를 누리고 그가 채찍에 맞음으로 우리가 나음을 입었도다."

메시아는 대단한 권능을 가지고 오신다. 하지만 그분은 엄청난 고난을 통과해야 한다. 누구에게? 많은 예언자들이 그랬던 것처럼 왕과 종교지도자들에게 고난을 받을 공산이 크다. 권력자들이 알아보기 어려울 정도의 대단한 모습이라면, 그래서 전능하신 하나님의 권능을 드러내는 엄청난 모습이라면 세상의 권력자들에게 유약하게 당하겠는가. 그렇다면 메시아는 자신의 위대함을 내면에 감추고 겉으로는 유약한 모습으로 오시는가?

오, 여기 메시아의 연약함을 알려주는 말씀이 있군,

"그는 주 앞에서 자라나기를 연한 순 같고 마른 땅에 나온 뿌리 같아서 고운 모양도 없고 풍채도 없은 즉 우리가 보기에 흠모할만한 아름다운 것이 없도다."

평범하고 소박한 외모로는 아무것도 주목할만한 것이 없다는 것인데... 내가 보기에도 그분은 외견상 대단한 것은 없어 보였다. 생각이 여기에 다다르자 니고데모는 이 메시아 예언을 정확히 이해할 수 있게 해 주시기를 기도했다. 그 예언을 실제에 정확히 적용할 수 있게 해 주시기를...

　그리고 어제 만난 분이 진정 하나님께서 보내신 분이라면 이를 잘 분별할 수 있게 해 주시기를... 그분이 성령에 대하여, 거듭남에 대하여 말했는데... 성령으로 난 사람은 바람과 같다고도 했는데 그 의미를 잘 알게 해 주시기를... 또한 성령에 대하여 잘 알 수 있게 해 주시기를 간구했다. 아직 어떤 단정을 내려서는 안 된다 생각했다. 사태의 추이를 지켜봐야 하고, 성경 말씀을 더 깊이 묵상해야 한다 생각했다.

유월절을 기다리며

    분주하게 생활하며 한 해가 훌쩍 지나갔다. 유월절이 다시 오고 있었다. 이번 유월절에 그가 다시 나타날 것인가? 니고데모는 큰 관심과 기대를 하고 예수를 기다렸다. 시간이 흐르면서 그의 마음속에는 그가 진정한 그리스도일 것이라는 생각을 굳혀갔다. 그간 예수님에 관한 소문을 종종 들었던 것이다. 바리새인들이 그를 미워하고 있었는데 그 이유가 안식일에 병을 고친다는 것이었다. 니고데모는 그런 이야기를 들으며 생각했다.

    '아니, 안식일이라 해도 몹쓸 병으로 고생하는 사람을 고쳐주는 것은 칭찬받을 일이잖은가? 그런 놀라운 치유의 능력을 갖춘 분이라면 안식일이라 해서 가만히 있어야 할 이유가 어디 있는가? 안식일에 평생 고생하던 장님이 치유를 받았다면 이는 오히려 다 함께 기뻐하고 감사해야 할 일이 아닌가? 그럼에도 율법을 문자 그대로 들이댄다는 것은 어리석은 것이라 생각되었다. 사실 안식일이 사람을 위해 있지, 사람이 안식일을 위해 있는 것은 아니잖은가? 모세 때처럼 그날에 나무를 한 것도 아닌데...

니고데모는 며칠 전 대제사장 가야바의 오른팔 격인 므나헴과 격론을 벌인 적이 있었다. 그는 예수를 맹비난하였다.

"그래요, 그 사람이 병 고치는 일을 많이 하는 건 잘하는 것이고 아무도 그처럼 많은 기적을 일으킨 사람은 이제까지 없었소. 보리빵 다섯 개와 물고기 두 마리를 가지고 남자만 오천 명이나 되는 사람들이 배불리 먹었다는 것은 놀라운 일이 틀림없소이다. 그런데 그런 일을 안식일도 가리지 않고 한다는 것이 큰 문제요. 여호와 하나님이 안식일을 얼마나 강조해서 말씀하셨는지 당신도 잘 알거요. 과거 우리 조상들은 전쟁 중에도 안식을 지켰고, 이런 약점을 알아챈 적들이 안식일에 우리 이스라엘을 공격해서 많은 사상자를 내기까지 했소이다. 우리 민족이 안식일을 제대로 지키지 않았다 하여 하나님이 많은 벌을 내리셨고 오랫동안 고생을 했다는 것을 역사서를 읽어보면 자명하게 알 수 있소.

그런데 그렇게도 소중하게 목숨을 걸고 지켜야 하는 중대 계명을 그 자는 만인들 앞에서 깡그리 무시하고 있소. 그것을 우리 율법학자들이 묵과한다면 그자가 더 기고만장할 것이고, 우리의 소중한 율법은 그자에 의해 무참히 짓밟히는 결과를 초래하고 말 것이요."

므나헴의 말을 거기까지 듣고 있던 니고데모가 차분하게 그의 말을 공박했다.

"의원님! 하나님을 향한 의원님의 충정에 경의를 표하는 바입니다. 나 역시 우리 민족의 역사 속에서 안식일을 어김으로 인하여 하나님께서 여러 예언자들을 통하여 책망하셨다는 것을 잘 알고 그로 인해 많은 안타까움을 가지고 있었소. 그런데 문제가 되고 있는 나사렛 예수는 다른 시각에서 정상을 살펴야 한다 생각합니다. 예를 들어 열 명이나 되는 장님들이 일거에 눈을 뜨게 되었는데 그 장님들의 입장에서 생각할 때 하나님께 늘 소원을 아뢰었을 것이고 그 기도가 마침내 이루어졌다 생각하지 않았겠습니까? 나는 하나님의 개입이 아니고서는 그런 일은 일어나지 않을 것이라 믿고 있습니다. 하나님은 악인의 청을 들어주시지 않을 것이고 만일 예수가 악인이었다면 그를 통해 맹인들이 보게 되는 기적은 결코 일어날 수 없다 생각하니다. 따라서 그가 율법을 어겼다는 사실 하나로 재단할 것이 아니라 하나님의 보편적 선과 그분의 무한한 자비 등도 아울러 고려해서 생각해야 할 것입니다. 우리는 우리의 뜻을 적당한 방법으로 그에게 전해서 우리가 그 점을 우려하고 있다는 것을 알리고 그의 의견도 한번 들어보는 것이 순서라고 봅니다."

니고데모의 정중하고 사려 깊은 말에 므나헴은 적잖이 불편해하는 것이 역력했다.

"여보시오! 그처럼 사람들을 유하게 대한다면 우리의 권위가 어찌 서겠소? 그런 자는 강력하게 처벌을 해서 많은 백성에게 본보기로 삼아야 한다는 것을 어찌 모르오? 모세 때 안식일에 나무를 한 사람이 있었고 우리의 위대한 지도자 모세가 하나님께 여쭈었을 때 하나님께서 무어라 하셨소? 그때 당신처럼 하나님이 유하게 범법자를 대하셨던가요? 그자는 돌에 맞아 죽었고 그 자가 서 있던 곳은 돌무더기가 되었소이다. 우리 의원들 대부분은 그자가 죽어 마땅하다 여기고 있다는 것을 당신도 좀 아시오." 므나헴은 거칠게 자기의 턱수염을 쓰다듬으며 '에헴!' 크게 헛기침을 하고는 그대로 가버렸다.

그때 니고데모는 마음이 저려왔다. 하나님이 함께 하시지 않고는 그런 선한 일들이 그처럼 비일비재하게 일어날 수 없는 것인데... 그런데 이스라엘을 향한 하나님의 뜻을 어찌 저리도 외골수로만 생각하는가. 쯧쯧!' 니고데모는 혀를 차며 차츰 어두워져가는 길을 걸어 집으로 돌아왔다.

요한과의 서면 대화

어느 날 요한이 인편으로 양피지에 쓴 장문의 서신을 보내왔다.

존경하는 니고데모 의원님!

의원님께서 돌아가신 후에도 우리 주님의 사역은 계속되었습니다. 놀라운 기적에 관한 것보다 주님께서 선포하신 진리의 말씀을 전해드리는 것이 매우 긴요할 것입니다. 저는 그분 말씀의 요지들을 그때그때 기록했는데 그중 일부를 의원님께 써 보내드립니다.

한참 지난 일이긴 하지만 어느 날 주님의 말씀을 듣기 위해 남자만 약 오천 명이나 되는 큰 인파가 몰렸습니다. 날이 저물어가고 있었고 사람들은 허기져 있었습니다. 그런데 어떤 어린이가 보리빵 다섯 개와 생선 두 마리를 가지고 있었고 예수님께서는 그 빵과 물고기로 대단한 기적을 일으키셨습니다. 모인 군중들이 모두 배불리 먹고도 열두 광주리가 남은 것입니다.

참으로 엄청난 일입니다.

(여기까지 읽다가 잠시 쉬고는 공의회 강경파들의 정보가 빠르다는 것, 그들이 사람을 시켜서 그분을 면밀히 감시하고 있다는 것을 생각했다. 무언가 심상치 않은 일이 진행되고 있다는 것을 느꼈다. 그는 읽던 두루마리를 다시 펴 읽었다.)

그 이튿날이었습니다. 많은 사람들이 또 예수님을 따르고 있었는데 지대가 약간 높은 곳에 오르셔서 자신이 생명의 빵이라는 요지의 감동적인 말씀을 하셨습니다.

"나는 생명의 떡이니 내게 오는 자는 결코 주리지 아니할 터이요, 나를 믿는 자는 영원히 목마르지 아니하리라. 내가 하늘에서 내려온 것은 내 뜻을 이루려 함이 아니요, 나를 보내신 이의 뜻을 이루려 함이니라. 나를 보내신 이의 뜻은 내게 주신 자 중에 하나도 잃어버리지 아니하고 마지막 날에 다시 살리는 것이니라. 진실로 진실로 너희에게 이르노니 믿는 자는 영생을 가졌나니 내가 곧 생명의 떡이니라. 너희 조상들은 광야에서 만나를 먹었어도 죽었거니와 이는 하늘에서 내려오는 떡이니 사람으로 하여금 먹고 죽지 않게 하는 것이니라. 나는 하늘에서 내려온 살아있는 떡이니

사람이 이 떡을 먹으면 영생하리라. 내가 줄 떡은 세상의 생명을
위한 내 살이니라.”

선생님!

이 말씀은 잘 새겨들어야 하는데 많은 이들이 어렵다며 고개
를 갸우뚱거렸던 것입니다. 최근 다시 유월절이 다가오면서 우
리 주님은 종종 장차 사람들에게 고난받을 것임을 말씀하십니
다. 의원님께서 그 밤에 오셨을 때도 인자가 높이 들려야 한다
는 말씀을 하셨지요. 저는 예언서를 살피면서 메시아의 고난이
분명하게 예언된 것과, 그 고난이 고난으로 끝나지 않고 영광
스러운 승리로 끝난다는 것을 마음에 깊이 새겼습니다. 이사야
다윗 에레미야 요엘 등 여러 선지자들의 글을 보거나 우리 주
님의 가르침을 살펴보면 하나님께서는 우리 주님을 통하여 새
로운 시대를 여시리라는 것을 생각하게 됩니다. 우리 백성들에
게 큰 희망이 되지 못할 뿐 아니라 일종의 멍에가 되고 있는
율법이 언제까지고 지속될 수 있겠는가 하는 의문을 가지게 되
는 것이지요.

제자된 저희들은 주님께서 한 회당장의 죽은 딸을 살리시는
것을 보았습니다. 그리고 거세게 풍랑이 일어난 갈릴리 바다를

명령하여 잔잔케 하시는 것을 보았습니다. 우리 주님이야말로 하나님께서 보내신 분이며 새로운 시대, 곧 요엘 선지자가 예언한 대로 새 영이 다스리는 새 시대를 여실 분이라는 확신을 갖습니다. 그 선지자는 "내가 내 영을 만민에게 부어 주리니 너희 자녀들이 장래 일을 말할 것이며 너희 늙은이는 꿈을 꾸며 너희 젊은이를 이상을 볼 것이라.(욜2:28,29)" 예언했던 것입니다. 모든 믿는 자들이 하나님의 거룩한 영을 받아 하나님이 기뻐하시는 마음을 품고 하나님의 뜻대로 바르게 사는 시대를 의미하는 것이지요.

그런데 다윗왕은 그분이 엄청난 고난을 받을 것이라는 점을 상세하게 예언한 바 있습니다. 하지만 우리 선생님은 하나님이 보내신 위대한 분이기에 예언된 고난을 반드시 극복하실 것이라 생각합니다. 혹 우리 주님께 어려움이 닥친다면 의원님께서 힘이 되어주시기 바랍니다.

요한 올림

니고데모는 요한의 편지를 읽고 또 읽었다. 특히 자신이 하늘에서 내려온 떡이며 이 떡을 먹으면 영생한다는 대목을 읽을 때 큰 감동이 임했다. 그 감동은 그 말씀이 참되다는 깨달음과 확신을 동반했다. 많은 글을 읽었지만 글을 읽다가 그처럼 감동을 받는 것을 니고데모는 처음 경험했다. 하지만 장대에 높이 달릴 것을 다시 말씀하셨다는 대목을 읽으며 마음이 다시금 어두워졌다.

'음, 이사야의 예언대로 메시아가 고난을 당할 것이라면 많은 예언자들처럼 그도 권력자들의 모함과 시기를 받겠지. 지금 의원들의 행태를 보면 하나님의 정의를 가슴에 품고 사는 사람들이라 할 수 없어. 말은 그럴듯하게 하지만 실제 생활로 보여주는 이가 희귀하지 않은가? 대제사장도 권력을 이용하여 치부했고 돈과 이권을 따라 그때그때 정의의 기준이 달라지고 있다. 그들이 진정 하나님의 영을 받아 사는 사람이라면 그럴 수는 없는 것이다. 참된 메시아가 막상 나타난다면 그런 사람들의 비리를 꾸짖을 거야. 과거 이사야, 예레미야, 호세아가 그러했던 것처럼...'

니고데모는 밤이 늦었음에도 잠이 올 기미가 없자 서재로 가서 등잔대 둘에 불을 붙였다. 그리고는 성경 두루마리 여럿 중에 이사야 두루마리를 꺼내 들고는 불빛에 비추어 여기저기를 읽었다.

"소를 잡아 드리는 것은 살인함과 다름이 없이 하고 어린 양으로 제사 드리는 것은 개의 목을 꺾음과 다름이 없이 하며 드리는 예물은 돼지의 피와 다름이 없이 하고 분향하는 것은 우상을 찬송함과 다름이 없이 행하는 그들은 자기의 길을 택하며 그들의 마음은 가증한 것을 기뻐하느니라.(사66:3)"

이 구절을 읽으며 그는 소스라치게 놀랐다. '아니, 율법에 따라 소를 잡아 번제를 올려드리는데 그것을 살인하는 것과 다름이 없이 여기신다?' 다시 그 구절을 천천히 읽은 후 이번에는 그 구절 전후를 상세히 살펴보았다. 분명 제사를 기뻐하지 않으시는 하나님의 뜻이 명백하게 선지서에 적혀 있었다. 니고데모는 시편의 다른 한 구절이 생각나서 시편을 꺼내어 표해 두었던 것을 다시 읽었다.

"내가 수소의 고기를 먹으며 염소의 피를 마시겠느냐. 감사로 하나님께 제사를 드리며 지존하신 이에게 네 서원을 드리라.(시 50:13,14)"

성가대원으로 사역하면서 정녕 성령의 음성이라 아니할 수 없는 신령한 시를 많이 썼던 아삽의 시에 나오는 구절이었다. 니고데모는 '시편' 하면 먼저 다윗왕의 시를 떠올리기 마련이지만 아삽 역시 선지자의 한 사람이라는 생각을 늘 했던 터였다.

그런데 다윗의 시에 결정적이라 할만한 기록이 있었다.

"주께서 내 귀를 통하여 들려주시기를 제사와 예물을 기뻐하지 아니하시며 번제와 속죄제를 요구하지 아니하신다 하신지라.

그때에 내가 말하기를 내가 왔나이다. 나를 가리며 기록한 것이 두루마리 책에 있나이다."

이사야 선지자뿐 아니라 아삽 선지자뿐 아니라 다윗왕의 시에, 최근 들여다 본 마지막 선지자 말라기의 시에도 제사제도의 폐지와 새로운 시각의 언급이 연속되었다는 것을 차분히 생각했다. 하나님께서 분명, 새롭고 큰일을 계획하신다는 것, 그것은 저 썩어 문드러진 제사장들과 율법사들, 종교지도자들, 그들이 드리는 마음에도 없는 형식적인 제사들을 하나님께서 미워하신다는 것을 생각하게 만들었다.

니고데모는 불을 끄고 아내가 있는 방으로 가지 않고 간편한 차림 그대로 긴 의자에 몸을 뉘었다. 이내 그는 잠속으로 깊이 빠져들었다.

그로부터 며칠이 지나서 니고데모는 요한에게 답신 겸 몇 가지를 문의하여 예수께 여쭈어보고 그 답을 알려주기를 바라는 편지를 쓰기로 하였다.

"충실한 제자 요한 보시게.

나는 자네의 편지를 읽으며 큰 감동을 받았다네. 내가 이제까지 성경을 비롯해 많은 글을 읽었지만 그처럼 큰 감동을 받은 것은 처음이었다네. 그 후 나는 여러 선지서들을 읽었고 하나님께서 정녕 새로운 시대를 여실 수 있겠구나 라고 생각하게 되었네.

내가 심히 궁금하게 생각하는 것이 많지만 몇 가지만 쓰겠네.

첫째, 이사야와 다윗의 글에 나와 있는 두 구절,

"내가 수소의 고기를 먹으며 염소의 피를 마시겠느냐. 감사로 하나님께 제사를 드리며 지존하신 이에게 네 서원을 드리라."

"주께서 내 귀를 통하여 들려주시기를 제사와 예물을 기뻐하지 아니하시며 번제와 속죄제를 요구하지 아니하신다 하신지라."

이 예언들이 정녕 우리 율법의 근간이며 오랫동안 유지되어 온 이스라엘의 관습을 폐지한다는 하나님의 단호한 의지로 보아야 할 것인가 하는 점이네.

두 번째는 아삽의 시에

"내가 수소의 고기를 먹으며 염소의 피를 마시겠느냐. 감사로 하나님께 제사를 드리라." 예언되었는데 그렇다면 인간의 죄를 대신하여 동물을 잡아 피와 고기를 드리는 제사 대신에 제물도 없이 하나님께 그저 빈말로 감사만 하는 것이 제사제도를 대체할 수 있겠나 하는 것이며,

세 번째는 다윗의 시에 나오는 "그때에 내가 말하기를 내가 왔나이다. 나를 가리며 기록한 것이 두루마리 책에 있나이다."

그 말씀이 당신의 스승을 지칭한다면 그분이 당한다는 고난과 어떤 연관이 있는가 하는 것일세.

이것들은 워낙 크고 중요한 문제여서 나로서는 섣불리 결론을 내릴 수 없으니 자네의 스승께 여쭈어 주게나. 그래서 가능하다면 인편을 통해서 답을 주기 바라네. 다음의 명칭을 내 서신임을 증명하는 것으로 사용하겠네.

진리의 탐구자

니고데모는 이 서신을 한동안 몸에 지니고 다녔다. 기회가 되면 인편을 통해서 요한에게 전달할 요량이었다. 여러 날이 지났을 때 그들의 모임이 있던 가버나움에 다녀왔다는 어떤 사람의 말을 들었다. 그는 그 소식을 듣자마자 자기 집의 충직한 집사를 불러 서신을 주며 속히 다녀올 것을 지시했다. 가능하

면 하루를 묵어서라도 요한이 써주는 답신을 받아 오도록 했고 이 일과 관련하여 아무에게도 말하지 말 것을 엄히 명하였다.

이틀이 지나서 사흘째 되는 날 점심 무렵에 집사가 돌아와 보고를 하였다.

"의원님, 조금 시간이 더 걸렸습니다. 가버나움 회당에 갔더니 엄청난 인파가 있었습니다. 물어 물어서 겨우 요한이라는 분을 멀찌감치서 볼 수 있었는데 첫날은 그 제자와 이야기도 하지 못했습니다. 저는 그들이 묵는다는 곳을 알아놓고는 한 여관에 유숙을 하였습니다. 다음 날 아침이 되어서야 그분을 만날 수 있었는데 좀 외진 곳으로 가서 단둘이 있게 되었을 때 의원님의 서신을 은밀히 전달했습니다. 기다려 답신을 받아 가겠노라 말씀을 전했지만 그날 워낙 병자들이 많이 몰렸고 질서 유지를 위해 거의 모든 제자들이 애를 쓰고 있어서 틈을 낼 겨를이 보이질 않았습니다. 밤이 되어 이미 어두워졌는데도 환자들이 돌아가지를 않았는데 늦은 밤이 되어서야 그들을 돌려보낼 수 있었지요. 저는 요한과 다른 제자 세 명과 함께 한 허름한 집에 들어가 잠을 잤습니다. 요한은 새벽 동이 틀 무렵 일찍 일어나 전날 준비해 둔 듯한 양피지에 먹으로 글을 써주었습니다. 속필이었습니다.

여기까지 들은 니고데모는 "수고했네, 수고했어. 비용이 더 들었을테니 이따가 돈을 더 챙겨주겠네." 그리고는 집 안으로 들어가 요한의 서신을 펴 읽기 시작했다.

존경하는 의원님!

경황 중이어서 의원님댁에서 오신 분을 본의 아니게 오래 기다리게 했습니다. 하지만 의원님께서 복음의 진리에 깊은 관심과 목마름을 가지고 계시다는 것을 알게 되어 기꺼이 짬을 내어 서신을 올려드립니다.

세 가지를 물어오셨는데 직접적인 답변보다는 어제 있었던 서기관과 바리새인들과의 대화에서 나온 중요한 문제에 대하여 말씀드리도록 하겠습니다. 저네들은 다짜고짜로 기적을 보여달라며 무례하게 요구를 했습니다. 선생님은 많은 기적을 일으키셨지만 꼭 필요한 때 일을 하시지 마법사처럼 보여주기식의 일을 하신 적이 한 번도 없었지요. 선생님께서는 그들의 요구를 단호히 거절하시면서 "악하고 음란한 세대가 표적을 구하나 선지자 요나의 표적밖에는 보일 표적이 없느니라. 요나가 밤낮 사흘 동안 큰 물고기 뱃속에 있었던 것 같이 인자도 밤낮 사흘 동안 땅속에 있으리라." 말씀하셨습니다.

의원님!

이 말씀은 깊은 의미를 담고 있는데 우리 선생님이 사람들의 반대에 부딪혀 돌아가실 것이며 사흘 만에 부활하실 것이라는 예언입니다. 사실 요나가 거대한 물고기 뱃속에 들어갔으면 숨이 막혀 바로 죽을 수밖에 없는데 하나님의 강력하신 보호하심으로 살아날 수 있었던 것이지요. 그런데 놀라운 것은 요나선지자가 큰 도시 니느웨를 돌며 회개를 선포했을 때 대단한 회개의 열풍이 일어났던 것입니다. 우리 선생님의 말씀은 부활보다 부활 후에 있을 수많은 이들의 엄청난 회개와 그로 인한 변화, 그리고 하나님의 놀라운 축복에 초점이 맞추어져 있다 생각합니다.

우리 선생님께서 사람들의 죄를 한 몸에 걸머지고 돌아가신 후 다시 살아나신 다음에는 니느웨 때와는 비교할 수 없는 엄청난 회개와 하나님의 축복이 만민에게 임할 것이라는 점입니다. 지금 우리 이스라엘 사람들은 우리들만의 하나님이라고 생각하지만 시편의 말씀들을 생각할 때 전혀 그렇지 않다는 것입니다. 하나님은 모든 나라, 모든 민족의 하나님이시고 우리 선생님의 고난과 부활을 통해 하나님의 은혜가 전 세계로 확산될 것이라 저는 생각했습니다.

그때 의원님께서 제게 질문하신 각종 제사제도는 당연히 의미 없을 것이며 각 사람에게 임하시는 하나님의 영으로 인해 진정, 하나님의 백성이 된 사람들이 오직 감사로 가득하여 하나님을 찬양하는 때가 올 것입니다. 저는 일말의 불안이 있기는 하지만 큰 기대를 가지고 그 날을 고대하게 됩니다.

제자 요한 올림

니고데모는 그 편지를 읽고 또 읽었다. 그리곤 요한에게 제시하였던 선지서 전후를 면밀히 살펴보았다. 요한의 글, 요한의 답변에 어떤 결점도 찾아볼 수 없었다.

'아, 그렇구나. 하나님께서 새로운 시대를 여시는구나. 그분을 통해서 일하시는구나. 내가 그분을 찾아뵙던 날 저녁에 그분께서 직접 말씀하셨던 것을 이제야 알 것 같다.

"하늘에서 내려온 자 곧 인자 외에는 하늘에 올라간 자가 없느니라. 모세가 광야에서 뱀을 든 것 같이 인자도 들려야 하리니 이는 그를 믿는 자마다 영생을 얻게 하려 하심이니라.(요3:13~15)"

그래, 그분은 자신의 입으로 하늘에서 내려왔다 말씀하였다. 그리고 하늘로 다시 올라간다고 하였다. 요한의 말대로 사흘 만에 부활하여 본래의 자리로 돌아간다는 의미일 것이다.

또한 인자가 들려야 한다는 것은 대신 저주물이 되어 높이 들리는 형벌을 받는다는 의미일 것이다. 그렇다면 그 형벌이 실제 어떤 것일까? 혹 로마사람들이 극악한 죄수들에게 내리는 그것 십자가형은 아닐까? 하지만 그분은 백성들을 위해 착한 일만 하시는데 로마법이 그런 분에게 그처럼 참혹한 형을 언도할 리가 있나?'

분명한 것은 알 수 없다 해도 그분은 범상한 분이 아니라는 것을 나는 분명 느꼈다. 그분의 형형한 눈빛, 그 눈빛은 사물의 본질을 꿰뚫는 신비한 능력이 있는 듯 보였다. 나는 그런 눈빛을 아무에게서도 본 적이 없다. 그리고 그분의 한 말씀 한 말씀은 조용하면서도 확신으로 가득했고, 사람의 마음을 끌어당기는 강한 힘이 있었지.

그래, 그분은 자기를 믿는 사람들이 영생을 얻게 될 것이라 힘주어 말씀하셨다. 우리의 율법에는 '영생'이라는 말이 아예 없다. 하지만 내가 진리를 파고들었던 것은 결국 영생을 구하는 것이었어. 진리가 어떤 논리로 끝나는 것이어서는 안된다. 영원한 생명을 줄 수 있어야 한다. 그것에 이르는 길을 확실히 제시해야만 한다. 그런데 그분은 확신을 가지고 영생을 말씀하셨다. 모든 이들에게 영원한 생명을 주기 위하여 오셨다 했다.

그 영생은 무엇인가? 니고데모는 이 문제에 대하여 보다 깊은 성찰이 필요함을 절실히 느꼈다.

유월절, 예수가 다시 오다

명절이 다가오면서 의원 중 예수에 대해 이야기하는 이들이 있었다. "그 예수라는 갈릴리 사람 말이야. 지금도 계속해서 놀라운 기적을 일으키고 있다는군. 병 고치고 귀신 쫓아내는 것만이 아니라 죽은 사람도 일으켰다는 거야 글쎄. 가까운 베다니에서 일어난 일인데 죽은 지 나흘이나 된 사람을 살려냈다는군. 또 나인성에 사는 한 과부의 아들이 죽었는데 상여를 멈추게 하고 '청년아, 일어나라!' 말했는데 움직임이 있어서 살펴보니 눈을 뜨고 일어나 앉았다는 거야."

"와! 그래? 거참 대단한 일이로군. 그 예수가 이번 명절에 다시 나타난다면 굉장한 화제를 몰고 다니겠어." 그런 이야기를 들으면서도 니고데모는 아무 말도 않았다. 하지만 돌아가는 분위기로 봐서 예수를 시기하고 배척하여 무언가 심상찮은 일이 벌어질 것이라는 예감이 들었다.

니고데모의 집은 성전으로 가는 길목에 있었다. 그분의 일행이 예루살렘을 다시 방문한다면 자연스레 알게 될 것이었다. 그는 자신의 집을 관리하는 관리인에게 예수와 그 일행들이 성안에 들어오면 그의 행동을 예의 주시하도록 단단히 일러두었다.

유월절 첫날 아침이었다. 니고데모가 생각에 잠겨 한가로이 마당을 거닐고 있을 때 왁자지껄한 소리가 거리에서 들려왔다. 그는 얼른 이층 서재로 올라가 길가 쪽으로 난 창문을 열고 바깥을 살폈다. 예수께서 어린 나귀를 타고 가시는 모습이 내려다 보였다. 무리가 앞서가며 자기들의 겉옷을 길에 펴고 다른 이들은 종려 나뭇가지를 흔들며 노래를 불렀다. 또 뒤에서 따르는 무리도 함께 소리 높여 노래를 불렀다.

"호산나 다윗의 자손이여, 찬송하리로다.

주의 이름으로 오시는 이여,

가장 높은 곳에서 호산나!"

제자들처럼 보이는 건장한 사람들이 예수님의 곁을 따랐고 수많은 여인네와 어린아이들과 어른 남자들도 다수 있었다. 그들이 다 누구일까를 생각하니 바로 답이 나왔다. '아하, 예수께 병고침을 받은 사람들과 그 가족들일거야. 그리고 그분의 가르침에 감명받은 사람들도 많을 거고... 또 바리새인을 비롯한 율

법주의자들이 끼어있을 거야. 그들은 사태의 추이를 지켜보면서 무언가 흠집을 찾으려 할 테지.'

성안 전체가 술렁거렸다. 니고데모는 집사를 얼른 불렀다.

"저 일행들을 따라다니며 무슨 일이 일어나는지 자세히 살펴보게나. 그리고 나에게 상세히 보고하도록. 아, 그리고 자네는 사람들이 많이 모인 곳에서 별난 행동을 하면 안 되네. 군중들 속에 섞여서 그냥 흘러다니라구."

니고데모가 그리 당부하는 것은 이 사람이 장기인 피리를 부는데 쇼맨십이 있어서 그것으로 끝나는 것이 아니라 만담도 구수하게 잘 풀어내는 재주가 있기 때문이었다. 없는 이야기도 스스로 지어내서 흥미진진하게 끌고 가는 재주가 그에게 있었다. 많은 이들 앞에서 그런 판을 또 벌이면 자신의 집 관리인이라는 것이 드러날 것이고 그것이 좋을 리 없다 염려되기 때문이었다.

그는 자기 아내와도 예수님에 관하여 대화를 몇 차례 했다. 아내는 철학이며 율법과 구원의 문제에 대해 별 흥미를 보이지 않았는데 웬일인지 예수님에 관한 이야기에는 많은 관심을 보였다. 아내도 여러 사람들로부터 예수께서 일으키신 기적들을 들었고 그분을 먼 발치에서라도 한번 보았으면 했다. 니고데모는 그런 아내에게 요즘 자신이 생각하고 있는 예수님에 대하여 요지를 설명해 주었다.

"여보!

나는 그분이 하나님이 보내서 오신 메시아라는 생각을 굳혀가고 있소. 종교지도자들은 그분에 대하여 부정적인 생각들을 하고 심지어 개중에는 그분을 제거해야 할 위험인물이라 주장하는 사람들까지 있소.

하지만 내가 만났던 그분은 결코 드다 같은 선동가나 사기꾼이 아니오. 하나님이 함께 하지 않으신다면 어떻게 죽은 사람을 살리고 온갖 불치병자들을 고칠 수 있겠소? 무엇보다 그분은 자신을 드러내거나 사람의 인기 같은 것을 염두에 두지 않는다는 것을 확인했소. 그분은 매우 겸손했고, 그분의 말씀은 사람의 마음을 움직이는 신비한 힘을 가지고 있었소. 나는 이번 명절에 그분이 다시금 예루살렘에 올라오실지에 대해 큰 관심을 가지고 있었소. 나뿐 아니라 동료의원 중에 많은 이들이 그러하오. 그런데 더러 좋지 않게 생각하는 이들이 있어서 걱정이오."

거기까지 듣고 있던 그의 아내가 말했다.

"당신은 신중한 분이니 저는 당신의 뜻에 따르겠어요. 하지만 공연히 사람들의 시기를 살만한 일을 벌이지 않았으면 해요. 특히 그분 문제로 대제사장 가야바와 맞서지 않는 게 좋겠어요. 그 사람은 제사장으로 사람들을 섬기려 하지 않고 권력을 이용하여 자기 이익을 챙기는 사람 같아요. 자기에 맞서는 사람들을 무참히 쳐낸 일들을 우리가 잘 알잖아요?"

그런 이야기를 나누고 있는데 나갔던 관리집사가 문을 두드리고는 문을 열어줄 사이도 없이 헐레벌떡 들어왔다.

"의원님! 예수와 그 일행들이 성전 마당에 도착하자마자 큰 소란이 일어났어요. 그 예수라는 분이 격노하여 성전 장사꾼들의 좌판을 둘러 엎고 노끈을 채찍 삼아 휘두르며 "내 집은 만민의 기도하는 집이거늘 너희들이 강도의 굴로 만들었다." 소리쳤습니다. 그 바람에 비둘기들이 날개를 퍼덕거리고 양과 염소들이 음매! 하며 큰 소동이 일어났답니다. 그런데도 이상한 건 그의 대단한 위엄에 아무도 대드는 사람이 없었습니다. 그런 후 그는 성전 안으로 들어갔어요. 이후 한참을 힘있게 연설했는데 청중들은 권위 있는 그분의 말씀을 경청했습니다. 저도 그처럼 감동적으로 말씀하는 것을 들어본 적이 없습니다.

그런 다음 그분은 많은 환자를 한 사람씩 손을 잡아주며, 머리에 손을 얹어주며 병을 고쳐주었습니다. 부축을 받아 온 앉은뱅이가 자기 발로 일어섰는데 본인은 물론 주위 사람들이 환호하고 손뼉을 치며 하나님께 영광을 돌렸습니다. 이후 계속해서 기적이 일어났는데 성전 안은 그야말로 기쁨의 장소가 되었답니다. 저는 한참을 지켜보다가 쉽사리 끝날 것 같지 않아 의원님께 빨리 보고드려야겠다 생각하고 이렇게 돌아왔습니다."

　　니고데모는 그의 수고를 칭찬하며 "시장할테니 점심을 들게나. 우린 벌써 점심을 먹었어."하였다.

　　다음날 임시 공회가 열렸다. 니고데모가 가서 보니 예수에 관한 문제였다. 대제사장이 먼저 회의를 소집한 경위에 대하여 말했다.

　　"명절이어서 의원님들 각 가정에 손님들도 많이 오셨을텐데 이처럼 많이 참석해 주셔서 감사를 드리는 바이오.

　　우리는 위대한 지도자 모세 이후 중요한 일이 있을 때마다 이스라엘 백성 중에 대표로 구성된 특별 공의회를 개최한 바 있습니다. 이것은 하나님께서 모세를 통하여 반포하신 율법을 수호하고 민족의 정통성을 유지하는데 매우 중요한 기여를 했습니다. 이 점은 여러분도 다들 공감하시는 바라 믿습니다.

그런데 지난 초막절 중간, 나사렛 예수라는 자가 예루살렘에 와서 명절을 지키러 온 백성들의 마음을 뒤흔든 적이 있었고 그자의 문제로 회의를 한 적이 있습니다. 그때엔 오늘처럼 전체 의원님을 소집한 것이 아니라 실행위원들만 모여서 대책을 논의했었습니다. 하지만 의견이 분분하여 어떤 결론을 내리지는 못했었습니다.

그런데 이번 유월절 명절에 다시 그 예수가 왔고 지난 삼 일간 여러 사건이 있었습니다. 이제는 더 많은 백성이 그자를 따르고 일부에서는 그를 메시아로 추종하는 사람들도 생겨났습니다. 그를 따르는 사람들은 그자가 일으키는 기적을 보고 현혹되어 이성적인 판단력을 잃어버린 듯합니다. 그래서 자기가 하늘에서 내려왔다면서 자칭 그리스도라 떠드는 말을 믿고 있는데 이는 매우 위험한 일입니다.

하나님의 율법에 충실하신 의원 여러분!

그자는 십계명 중에서도 하나님 경외하는 것과 우상숭배 금지 다음으로 중요한 안식일 계명을 우습게 여긴다고 합니다. 또한 그자는 자기를 믿어야만 진정한 하나님의 자녀가 되어 영생을 얻는다고 주장하고 있습니다. 우리는 이처럼 혹세무민하는 자를 율법에 따라 어찌 처리해야 할지 중지를 모아야 합니다. 그자들의 세력이 더 커지기 전에 단호하게 이를 저지해야 합니다. 이 문제와 관련한 여러분들의 고견을 말씀해 주시기 바랍니다.

가장 먼저 가야바의 최측근인 므나헴 의원이 손을 들었고, 가야바가 눈짓으로 승낙의 신호를 했다.

"저도 그자에 관해 많은 정보를 가지고 있습니다. 저는 그 자가 자신이 안식일의 주인이라 말하는 것을 들었고 안식일에 손 마른 자를 고치는 것을 보았습니다. 우리는 그자의 그릇된 짓을 저지하려 좋은 말로 권고했으나 우리의 말을 듣지 않았습니다. 그뿐만 아니라 그자가 나사렛 목수의 아들이라는 것을 많은 이들이 다 알고 있는데 자기가 하늘에서 내려왔다 했습니다. 나아가 자신이 하늘에서 내려온 살아있는 빵이라고까지 하였습니다. 문제는 그자가 죽은 사람까지 살려내는 대단한 일을 하였으므로 모든 사람이 그가 하는 말을 믿고 따른다는 것입니다. 이런 자를 그대로 방치했다가는 우리의 율법과 종교가 근본부터 흔들릴 것이므로 마땅히 제지해야 한다 생각합니다."

그의 발언이 끝나기도 전에 많은 의원들이 "옳소! 옳소! 그자를 율법에 따라 처치합시다. 찬성이오, 나도 찬성이오."하며 여기저기서 떠드는 바람에 장내는 매우 소란해졌다.

그때 대제사장이 단상을 두드리며

"자자! 순서와 예의를 지킵시다. 군중심리에 의해 졸속으로 안건을 처리했다는 소리를 들어서야 되겠소? 말씀하실 분은 손을 들어 발언권을 얻은 후 말씀하시기 바랍니다."

니고데모가 손을 번쩍 들었고 가야바가 이를 허락했다.

"존경하는 의원 여러분!

여러분의 하나님을 향한 열심에 경의를 표하는 바입니다. 저 역시 그 사람에 대한 소문이 사실인가 하여 여러 가지로 조사를 한 바 있습니다.

첫 번째, 안식일 계명 위배에 관한 것인데 그는 "사람이 안식일을 위하여 있는 것이 아니라 사람을 위하여 안식일이 있다." 했습니다. 그래서 안식일이라 하더라도 고통받는 이들을 치유하여 잃어버린 평화를 회복시켜주는 것은 하나님의 선이라 말했습니다. 우리가 그처럼 하나님의 선, 하나님의 자비를 드러내는 행위까지도 문자적으로 노동에 포함하여 단죄하는 것이 과연 옳은 가를 검토해 보아야 합니다.

본 의원의 견해로는 그가 위법을 저질렀다면 정의의 하나님께서 그를 통해 기적을 행하셨을 리 없다는 것입니다. 혹자는 그가 마귀의 힘을 빌려 그런 일을 한다고 하는데 고통과 죽음과 저주만을 일삼는 마귀가 어떻게 그 많은 선을 행할 수 있겠습니까? 그러니 이런 주장은 자체로 논리의 모순이 있습니다.

두 번째, 그가 진정 하나님이 보내신 메시아인가 하는 문제입니다. 지난 회의 때 존경하는 안나스 대사제께서 "여러분은 그렇게 아둔합니까?" 질책하시면서 "한 사람이 백성을 위해 죽어서 온 민족이 망하지 않게 되는 것이 더 유익한 줄 모릅니까?" 말씀한 바 있습니다. 그 말씀은 다윗왕이나 이사야 선지자의 예언대로 예수를 메시아로 인정하신다는 것이 아니고 무엇이겠습니까? 본 의원은 지금 섣불리 단죄하지 말고 조금 더 지켜보는 것이 좋겠다는 것입니다. 만일 하나님이 보내신 자가 아니면 결코 오래 갈 수 없을 것입니다. 하나님이 직접 처리하실 것이기 때문입니다.

세 번째, 그가 자신을 하나님이라 했는가의 여부입니다. 제가 조사한 바로는 그는 한 번도 그리 말한 적이 없고 다만 하나님을 아버지로 불렀다 했습니다. 그런데 시편에도 "그분은 아비가 자식을 불쌍히 여김 같이 자기를 경외하는 자를 불쌍히 여기신다." 하였습니다. 또한 하나님께서는 진흙으로 사람을 만드시되 자신의 형상을 따라 만드셨다는 것을 우리는 잘 알고 있습니다. 그러기에 우리는 모두 하나님의 작품이고 하나님의 자녀들입니다. 그러니 사람이 하나님을 아버지로 부른다면 자연스러운 것이고 신성모독죄는 성립될 수 없다 할 것입니다.

여러분께서도 아시다시피 본 의원이 한때 헬라철학에 무엇이 있나 하여 그네들의 서적을 탐독했고 헬라의 대단하다는 학자들과 교제도 해 보았습니다. 결과적으로 그들이 위대하다 떠받드는 철학자들이 사실은 창조주 하나님에 대해 무지할뿐더러 영적인 장님임을 알게 되었습니다. 우리는 전능하신 하나님의 피조물이고 영광스러운 그분의 자녀입니다. 따라서 본 의원은 이 문제를 이 자리에서 졸속으로 처리하지 말고 경과를 지켜본 다음 재논의할 것을 제안하는 바입니다.

니고데모가 발언을 마치자 장내는 조용해졌다. 가야바가 단상에 다시 올라가서 말했다.

"여러분! 로마의 원로원은 한 사람의 주장이 아니라 다수결에 의해 중요안건을 처리한다고 합니다. 어떻습니까? 위대한 하나님을 섬기는 우리들이 그들만 못하다는 소리를 들어서야 되겠습니까? 두 가지 제안이 나왔는데 첫 번째는 므나헴 의원이 제안한 율법에 따라 그자를 처치하자는 제안입니다. 두 번째 제안은 니고데모 의원이 발의한 보류 후 재심의입니다. 오늘 여기 모인 분들이 모두 49명인데 종전처럼 흰 돌과 검은 돌로 의사표시를 하도록 하겠습니다. 이제부터 순서대로 나오셔서 섞여 있는 돌 중에서 자신의 뜻에 합당한 대로 돌을 집어 함에 넣으시기 바랍니다.

의장인 가야바의 말에 따라 모든 의원은 한 줄로 서서 돌을 함에 넣었다. 나중 개봉하여 세어보니 놀랍게도 흰 돌과 검은 돌의 숫자가 같았다. 한 의원이 기권을 한 탓이었다. 함 바닥에는 양탄자가 깔려있어서 돌 떨어지는 소리가 들리지 않아 기권자가 누구인지 알 수 없도록 되어 있었다. 가야바는 내심 불만스러웠지만 결과를 받아들일 수밖에 없었고 회의는 결론 없이 끝났다.

회의장을 나서는데 므나헴 의원을 비롯한 강경파들이 니고데모에게 질시의 눈초리를 보냈으나 니고데모는 그들 중 누구와도 눈을 맞추지 않았다. 집으로 돌아온 니고데모는 관리인에게 목욕물을 준비토록 지시해 놓고 생각에 잠겼다. 마음이 무거웠다. 무언가 나쁜 일이 일어날 것 같은 불길함이 그를 짓눌렀다. 목욕을 한 후 저녁을 들면서 오늘 있었던 일을 아내와 이야기했다. 아내는 이야기를 다 듣더니 걱정 어린 말을 하며 위로했다.

"여보, 너무 신경 쓰지 마세요. 그것이 당신 개인과 직접 관련된 것도 아닌데 왜 내 일처럼 심각하게 받아들이세요? 그분 예수가 선지자의 예언처럼 고난을 당한다면 어쩔 수 없이 고난을 당하는 것이지요. 당신이 역사의 흐름을 어찌할 수 있겠어요? 모든 것을 선하신 하나님의 섭리에 맡기는 것이 좋을 것 같아요. 당신과 뜻을 달리하는 사람들도 많은 것 같은데 가능하면 마찰을 피하는 것이 좋겠어요."

니고데모는 늦은 밤까지 뒤척이며 잠을 이루지 못하다가 새벽이 되어서야 잠이 들었다. 그는 바람 부는 광야를 홀로 걸어가고 있었다. 바람이 어찌나 거센지 윙윙 소리를 내며 거친 모래를 날렸다. 잔뜩 웅크리며 앞으로 나아가는데 저 멀리 흰 옷을 입은 한 사람이 앞서서 걷고 있었다. 그런데 어느 순간, 그 사람과 나란히 걷게 되었고 바람은 어느새 멈춰 있었다. 그의 마음이 편안해졌고 어디선가 새들의 지저귀는 노랫소리가 들려왔다. 깨고 보니 선연한 꿈이었다. 그렇게도 자신을 짓누르던 근심 걱정의 무겁고 어두운 구름이 활짝 걷힌 것만 같았다.

자기 옆으로 다가와 함께 걷는 사람이 누구였을까? 혹 그가 하나님이 보내신 예수가 아닐까? 니고데모는 세수를 한 후 의자에 앉아 조용히 하나님께 기도했다.

"그렇습니다. 바람은 자유롭게 저 가고 싶은 데로 붑니다. 성령으로 난 사람도 그와 같다 예수께서 말씀하셨는데 이제 그 말씀의 의미를 알겠습니다. 전능하신 여호와 아버지께서 선하신 뜻대로 행하시는데 제가 온갖 무거운 짐을 혼자 걸머지고 힘들어했습니다. 그분이 당신의 뜻을 따라 세상에 오셨다면 정녕 그분의 길을 하나님께서 주관하실 것입니다. 오로지 당신의 뜻이 이루어지기를 바랍니다."

명절 끝날이 되었다. 날이 저물어 저녁 식사를 한 후 잠이 들었다. 요란하게 대문 두드리는 소리가 나서 깨어 일어나 급히 등불을 켜 들고 나가보았다. 친구 엘르앗 의원이 전갈을 보냈다. 예수께서 붙들려와 안나스에게 심문을 받았고 그의 사위이기도 한 대사제 가야바의 관저로 옮겨 예수를 심문하는 중이라는 것이었다. 니고데모의 가슴이 철렁 내려앉았다. 아직 해 뜨기 전이었으나 급히 별채의 관리인을 불렀다. 관리인이 부스스 눈을 비비며 문을 열고 나왔다.

"큰일이 벌어졌네. 요 며칠 자네가 예수님의 동태를 파악하느라 고생을 했는데 그분이 잡혀서 가야바 관저로 끌려가 심문을 받고 있다는거야. 어쩌겠는가? 저네들이 기어이 일을 벌인다면... 우선 안에 들어가 서둘러 아침을 들게나, 그런 후 나갈 준비가 되면 나에게 연락하게."

그리 이르고는 무슨 일인가 놀라워하며 나온 아내를 안심시키며 집 안으로 들어갔다. 서둘러 아침을 준비토록 했다. 아내가 식사를 준비하는 동안 니고데모는 용모를 단정히 하고 기도했다.

"인류 역사의 주관자이신 하나님!

아버지께서 독생자 예수 그리스도를 이 땅에 보내셨고 선지자들의 글대로 이제 그분이 고난의 문턱을 넘게 하십니다. 아버지께서 세상을 사랑하셨기에, 그리고 모든 사람을 구원하시려고 작정하셨기에 그분이 장대에 높이 달리신다면, 참혹하기 이를 데 없는 고난을 당하신다면 제가 무엇을 어찌하겠습니다. 다만 자비하신 하나님 아버지의 섭리에 모든 것을 의탁 드릴 뿐입니다. 그가 찔림은 우리의 허물 때문이요, 그가 상함은 우리의 죄악 때문이라 하셨습니다. 이제 시편의 말씀대로 한 종을 통해 구원이 만민에게 확대되는 은총의 대로를 여시는 중대한 시점이라 생각됩니다.

이 부족한 종이 무엇을 해야 한다면 가르쳐 주십시오. 당신께서 저에게 뜻하시는 것이 있다면 기꺼이 모든 것을 내어놓고 따르겠습니다. 인도하여 주십시오."

그리스도의 고난

얼마의 시간이 지난 후 관리인이 외출준비를 하고 보고를 하러 들어왔다. "이보게, 자네가 할 일은 다만 무슨 일이 일어나는지를 잘 살펴서 상세하게 있는 대로 나에게 알려주는 것이네. 만일 자네가 올 수 없는 상황이 생길지도 모르니 자네 부인과 함께 가도록 하게나. 그래서 중간보고를 할 수 있도록 하게나."

황급히 나간 관리인은 해가 떠오르고 햇살이 퍼질 무렵 아내를 들여보냈다. 그의 아내가 숨이 가쁜 듯 헐떡거리며 대문을 열고 들어왔다.

"의원님!

예수께서 로마 총독에게 십자가형을 언도 받았어요. 그분은 병사들에게 많은 매를 맞고 피투성이가 되어버렸습니다. 그리고는 십자가를 지고 성문 밖 해골산을 향해 올라가기 시작했는데 허약한 체질이어서 매우 힘들어 하셨어요. 바깥양반이 얼른 주인님께 보고를 드리라 해서 이렇게 달려왔습니다.

니고데모는 그 말을 듣는 중에 맥이 탁 풀리면서 하마터면 주저앉을 뻔했다. 옆에 있는 기둥을 겨우 붙잡고 "그래요. 수고 많았어요. 집사가 기다릴테니 얼른 가 보시오."하였다. 휘청하는 것을 본 아내가 얼른 그의 팔을 붙들었다.

니고데모의 말을 듣고 집사 아내가 돌아서려는 순간, 퍼뜩 생각이 들었다. '아니다. 내가 이처럼 보고만 듣고 있을 수만은 없지. 하나님의 아들이 당하시는 고난의 현장을 내가 직접 가 보아야 하겠다.' 현관문을 막 돌아나가는 그녀를 돌려세웠다.

"잠깐, 나도 준비하고 나갈 것이오. 하니 남편에게도 그리 알려주시오."하곤 자기의 아내를 쳐다보며 "여보, 내 나갔다 오리다."하니 그의 아내가 "저도 같이 가겠어요. 저도 당신과 함께 그분의 고난 현장에 가서 무슨 일이 일어나는지 봐야 하겠어요."하였다. 니고데모는 걱정이 되어 만류할까 하다 생각을 고쳐먹었다. 평상복에 두건으로 깊숙이 머리를 두르고 바로 집을 나섰다.

'그 사람들, 결국 과격파들이 일을 저질렀어. 그들이 마음만 먹으면 못할 짓이 무언가. 선지자들의 말대로 그분이 유월절 어린 양같이 되시려는거야. 하지만 그분에게 누명을 덮어씌우고 사형판결을 내린 가야바와 동조자들의 죄가 하늘에 닿는구나.'

그는 서둘렀다. 성문 쪽으로 급히 걸어가고 있는데 이미 성난 군중들의 외침이 들려왔다.

"야! 이 사기꾼아."

"자칭 그리스도야!"

그런데 자세히 보니 십자가를 지고 가는 사람은 그분이 아니었다. 이게 어떻게 된 것인가 걸음을 멈추고 살펴보니 십자가를 진 사람은 하나가 아니었다. 모두 셋이었고 맨 뒤에 비틀비틀 겨우 십자가를 끌고 가는 예수님이 보였다. 얼마나 매를 맞았는지 얼굴 여기저기가 긁혔고 그 상처에서 피가 흐르고 있었다. 그 피가 옷에도 많이 튀어 옷은 많이 더럽혀져 있었다. 아마도 로마병사들의 갈퀴 달린 채찍을 맞아서인지 옷이 여기저기 찢어져 있었다.

그 모습을 보며 니고데모의 마음이 무너져 내렸다.

'백성들의 희망이었는데... 병든 자, 소외된 자, 억눌린 자들의 친구였는데... 많은 선한 기적으로 평화와 소망을 찾아주셨는데... 오히려 모함을 받아 극형에 처해지다니... 어찌 이처럼 상황이 뒤집어졌는가. 이사야 선지자의 예언이 빠짐없이 그대로 이루어지는군. 저네들은 골고타로 올라가서 우리 주님을 십자가에 못 박으려는게야.'

그분 뒤에 가야바와 그의 추종자들도 보였다. 가야바는 말을 타고 있었고 거들먹거리는 모습이 여전했다. 요한의 모습도 보였는데 그는 예수님 가까이서 따르고 있었다. 여인네들 여럿이 애통히 울며 올라가는 모습도 보였다.

골고다 정상에 이르자 로마 병사들이 십자가를 눕혀놓고 그 위에 예수님을 뉘여 양손에 대못을 박았다. 그리고는 두 발을 포개어 처음 것보다 더 큰 대못을 박았다. 이어 여러 병사들이 합세하여 십자가를 일으켜 세웠다. 세 개의 십자가 중 가운데 예수님이 매어달리셨다. 예수님은 혼미한 중에도 정신을 가다듬으려 애쓰시는 것 같았다. 하늘이 점점 찌푸러지고 있었다. 오후 세 시경 예수님이 큰 소리를 지르시고는 셋 중 가장 먼저 운명하셨다.

그런데 예수께서 운명한 즉시 하늘이 더욱 어두워지고 천둥번개가 무섭게 치면서 소나기가 몰아쳤다. 해골산 언덕의 악한 기운을 다 날려 보내기라도 하는 것처럼 바람이 거세게 일어났다. 대사제를 비롯한 종교지도자들과 군중들은 황급히 자리를 뜨고 있었다, 조금 지나니 골고타 언덕에는 요한과 어머니 마리아와 몇 여인들, 그리고 로마 병사들 여남은 명만 남았다. 그러고보니 아리마대 사람 요셉의원도 있었다. 그와 그리 가까운 사이는 아니었지만 평소 인품이 온화하고 덕망이 있어 많은 이들의 존경을 받는 사람이었다. 빗속에서 우왕좌왕하던 군중들이 다 떠나고 한참을 있으니 하늘도 이내 평온해지면서 비가 그치고 있었다.

넘어지시는 그리스도/테라코타/안문훈

니고데모가 요셉에게 다가가 말을 건넸다.

"이런 데서 만나게 될 줄 몰랐습니다."

"저 역시 그렇습니다. 많은 이들이 희망을 걸었는데 저리도 처참하게 돌아가셨습니다. 하지만 다 하나님의 뜻이었다 생각합니다. 여러 선지자들이 이미 말씀한 바 있으니까요."

"그렇게 믿고 계시는군요. 저 또한 비상한 관심을 가지고 예수님의 행적과 말씀을 다양하게 추적해왔습니다. 사태를 보니 장례를 치를 수 있는 상황이 못 되는 것 같습니다."

요셉이 그 말을 이어받아 말했다.

"그런데 제가 묻히려고 만들어놓은 무덤이 가까운 올리브 동산에 있습니다. 그곳에 예수님을 모시면 어떨까 합니다만."

"아, 그러시군요. 그보다 좋은 일이 어디 있겠습니까?. 제가 사람을 시켜 침향을 섞은 몰약을 넉넉히 사 오도록 하겠습니다. 고운 베는 의원님께서 가져오신 것으로 충분할 것 같습니다. 염을 전문으로 하는 장의사 사람도 함께 불러야지요."

요셉이 그 말을 듣더니 걱정스러운 듯 말했다. 그런데 우리가 장례를 치를 수 있도록 빌라도의 허락이 떨어져야 합니다. 빌라도가 예수님의 시신을 순순히 내어줄지 모르겠습니다. 수하 관리를 한 사람 아는데 그를 통해 청을 넣도록 해 보겠습니다. 제가 얼른 다녀오도록 하겠습니다. 니고데모는 아직도 자기 주위를 서성거리며 걱정스러운 눈으로 바라보고 있는 관리집사와 상의를 했다. '계산은 곧 치를테니 나의 이름으로 침향을 섞은 몰약을 넉넉히 준비하고 장의사를 대동하고 오도록 하라.'라고 지시했다. '날이 저물면 안되니 모든 것을 신속히 하도록 하라.'는 말을 덧붙였다.

요한이 예수의 어머니 마리아를 위로하다 니고데모에게 다가왔다.

"의원님, 황망한 중에 두 어른께서 이리도 도움을 주시니 너무 감사합니다. 어머니는 너무 심한 충격을 받아 지금 서 계시는 것조차 힘드신 지경입니다. 이리된 것이 주님께서 평소, 여러 차례 말씀하신 대로 된 것 같습니다. 운명하시던 순간 하늘의 징조도 뚜렷했고요."

날이 저물고 있었다. 안식일이 시작되기 전에 장례를 완료해야 한다. 니고데모가 걱정하는 사이 이내 요셉의원이 돌아왔다. 갔던 일이 잘되어 일을 서두르자고 하였다. 조금 후 니고데모의 관리집사도 만반의 준비를 해서 장의사와 함께 돌아왔다. 여럿이 함께 예수님의 헤어지고 피 묻은 옷을 조심스레 벗기고, 이어서 장의사가 능숙한 솜씨로 몰약을 발라 드렸다. 그리고는 고운 베로 온몸을 둘러싸기 시작했다. 그때 요한이 나서며 말했다.

"잠깐, 우리 주님의 얼굴은 감지 말고 그냥 놔두세요. 저는 주님께서 하신 말씀에 희망을 두고 있습니다."

염을 마친 후 대기한 들것에 예수님을 조심스레 눕혔다. 예수님의 어머니 마리아와 여인들은 계속해서 흐느끼고 있었다. 네 명이 각각 한 귀퉁이를 잡고 요셉의 인도를 따라 기드론 골짜기 건너편에 있는 무덤으로 갔다. 아직 아무도 장사 지낸 적이 없는 새 무덤이었다. 무덤을 막은 돌문은 이미 굴려져 옆으로 치워져 있었다. 요셉이 이미 사람을 시켜 준비를 해놓도록 지시해 두었던 것이다. 넷은 조심스레 들것을 무덤 안으로 운반하여 조금 높게 턱을 다듬어놓은 곳에 예수님을 눕히고 나왔다. 그리고는 다시 장정 두 명이 육중한 돌문을 굴려 닫았다. 이 과정을 로마 병사들이 창을 들고 지켜보고 있었다. 니고데모는 요한에게 무슨 일이 있으면 신속히 알려달라는 부탁과 함께 어머니를 잘 모시도록 부탁하는 것도 잊지 않았다.

니고데모는 끝까지 모든 과정에 함께 했던 요셉의원과 산을 내려오면서 말했다.

"의원님! 오늘 너무 수고가 많으셨습니다. 때맞추어 의원님께서 무덤을 제공해 주셨고 빌라도의 허락을 받아 오셔서 일이 너무 순조로웠습니다. 오늘은 이미 안식일이 시작되었으니 안 되겠고 내일 저녁 안식일이 풀리면 제가 댁으로 찾아뵈었으면 하는데요. 나누고 싶은 말씀이 많습니다. 저녁은 먹고 가겠습니다." 요셉이 "좋습니다. 제가 간단히 저녁 식사를 준비토록 할테니 부담 갖지 마시고 그냥 오세요. 동지가 되었는데 아무려면 어떻습니까?"

둘은 그렇게 다음 날 저녁에 만나기로 하고 헤어졌다. 니고데모는 서둘러 집으로 돌아왔다. 대문을 들어서니 갑자기 피곤해지면서 허기가 몰려왔다. 종일 긴장한 탓이라 그는 생각했다.

'그자들이 우리를 따돌리고 속전속결로 이 엄청난 일을 벌인 거야. 죄는커녕 수많은 백성에게 복된 소식을 전하시어 하늘에 소망을 심어주셨고 온갖 병자들을 치유하셔서 하나님의 살아 계신 것과 그분의 한없는 자비를 드러내셨는데… 그런 분을 죄인으로 몰아 극형에 처하다니… 저자들이 마귀의 종이 되어 하나님을 대적한 것이야. 예전의 예레미야 선지자를 왕들과 종교 지도자들이 한 패거리가 되어 괴롭혔던 것과 다를 바 없지.

내 곧 뜻을 같이하는 사람들과 함께 가야바를 찾아가 그들의 잘못을 따질 것이다. 암, 그리해야지. 잠잠히 있으면 비겁한 자이지.'

요셉과의 담론, 그는 참으로 그리스도인가

다음날 해가 지기를 기다렸다가 집을 나선 니고데모는 그리 멀지 않은 곳에 사는 요셉의원의 대문을 두드렸다. 그가 직접 나와 반갑게 문을 열어주었다.

"기다리고 있었습니다. 얼른 들어갑시다."

부자라는 소릴 들을 만큼 집 마당이 널찍했고 정원이 잘 가꾸어져 있었다. 요셉의원을 따라 집안에 들어가니 널찍한 응접실이 있었고 한쪽에 식탁이 놓여있었는데 이미 음식이 차려져 있었다. 그의 아내가 우아한 차림을 하고 반갑게 맞이했으며, 일하는 여성이 부엌에서 분주히 움직이고 있었다. 두 사람은 식탁을 마주하고 앉아 간단히 묵념으로 기도하고 음식을 들었다. 잘 구운 양고기와 그 국물, 통밀로 구운 빵이 있었고 포도주도 있었다.

"들어오다 보니 정원이 훌륭하더군요. 집안도 화려하지 않으면서 격조 있게 꾸며져 있습니다. 음식이 다 맛있군요."

이내 식사를 끝내고 두 사람은 응접실 쪽으로 옮겨 의자에 몸을 기대고 편안히 앉았다. 요셉이 먼저 말을 꺼냈다.

"지난번 공의회 때 의원님이 저네들의 근거 없는 억지 주장을 조목조목 상세하게 반박하실 때 속으로 손뼉을 쳤습니다. 안식일은 그야말로 사람을 위해 있는 것이라는데 저도 의견을 같이합니다. 그들의 비타협적인 고정관념은 안식일의 본뜻인 하늘나라의 완전한 의와 평화를 대망해야 한다는 본질에서 한참 빗나갔던 것입니다. 예수께서 안식일이 사람을 위해 있는 것이라 하신 말씀이 백번 지당합니다.

의원님께서 워낙 논리적이고 설득력 있게 말씀하셨고 다행히 온건하게 경과를 보자는 의원들이 많았습니다. 하지만 보류 결정이 난지 불과 삼일이 채 안되어 저네들이 일을 벌이고 말았습니다. 그들은 의인을 죽였고 하나님 앞에 대역죄를 지었습니다."

니고데모가 말을 받았다.

"항상 저의 의견에 동의해 주시고 힘이 되어 주셔서 감사합니다. 어제 늦은 시간이었지만 우리의 행동이 저네들에게 알려질 가능성이 있다 생각합니다. 우리가 면밀히 대비책을 세워야 하겠기에 굳이 오늘 뵙자 하였습니다.

우리는 먼저 그분 예수가 참 그리스도인가 하는 문제를 검토해 보아야 합니다. 저는 그에 대하여 어떤 의구심도 없습니다. 이것은 개인의 판단이 중요하지 않고 과거 선지자들의 예언이 어떠했나가 관건이라 판단합니다.

먼저 그분이 다윗의 자손인 것은 확실합니다. 그에 관해서 이사야 선지자가 예언했지요. "이새의 줄기에서 한 싹이 나고 그 뿌리에서 한 가지가 나서 결실할 것이요."라 했는데 예수님의 부친 요셉 혈통은 다윗으로 이어집니다. 하지만 우리는 그 혈통을 생각하면서 역사를 거슬러 올라가 원복음의 상황, 즉 우리 시조의 범죄 직후 하나님께서 뱀을 저주하신 말씀까지도 살펴보아야 합니다. "여자의 후손이 뱀의 머리를 상하게 하리라" 말씀하셨는데 남자가 계보를 잇는 성경의 족보체계에서 '여인의 후손'이라고 한 것은 매우 특별하지요. 제가 예수님이 이 땅에 오실 때의 상황을 자세히 조사해 두었는데 특별한 것들이 있습니다.

제가 자주 이용하는 성전 문서보관소에 자료가 있습니다만 그분이 출생하던 헤롯의 통치 시절 동방박사들이 별을 따라 왕

74

궁에 문안 인사를 드렸다는 것입니다. 그들은 계시를 받고 유대인의 왕으로 난 분에게 경배를 드리러 갔습니다. 그런데 그 말을 들은 헤롯은 자기의 지위가 위태로워질 것을 걱정하여 본 뜻을 숨긴 채 "그렇다면 이곳 왕궁은 아닌 것이 확실하니 다시금 별의 인도를 잘 받아보시오. 그리고 돌아갈 때 나에게 알려주시오."하며 돌려보냈다고 합니다. 그 후 그 별은 그들을 산동네인 베들레헴의 한 여관으로 인도했지요.

거기까지 듣고 있던 요셉이 말을 끊고 "그 이야기라면 나도 그 문서들을 읽어본 적이 있습니다. 저 역시 메시아를 대망하는 자로 관련된 사료들을 샅샅이 살폈고 이런저런 사람들의 이야기도 많이 들었습니다. 한 십여 년 전 수소문 끝에 그때 천사를 보았다는 목동 중 한 사람을 만나 그들의 증언을 청취하기도 했습니다. 당시 헤롯이 자기에게 보고치 않고 박사들이 떠났다는 걸 뒤늦게 알고는 두 살 이하의 아기들을 찾아 학살했던 참사는 결코 잊을 수 없는 것입니다. 식민지 약소국의 한 맺힌 역사입니다."

"네, 훌륭하십니다. 그분이 성령으로 잉태되어 당시 남자를 알지 못하는 몸으로 여관에서 몸을 푼 곳이 베들레헴이라는 것 역시 선지서와 일치하는 것입니다.

최근 예수님의 제자 요한에게 직접 들은 이야기가 하나 있습니다. 그도 예수님의 부친이 요셉이 아니라 성령이라 했습니다. 요한은 그 모친 마리아에게 이것을 개인적으로 직접 묻고 확인했다는군요. 그러니 창세기의 원복음(내가 너(뱀)로 여자와 원수가 되게 하고 네 후손(그리스도)도 여자의 후손과 원수가 되게 하리니 여자의 후손은 네 머리를 상하게 할 것이요, 너는 그의 발꿈치를 상하게 할 것이니라. 창3:15)에서 언급한 대로 그분이 여인의 후손으로 오신 메시아라는 것이 더욱 확실해진 것입니다."

요셉이 말을 받았다.

"의원님의 말씀을 들으면서 이야기의 조각들이 하나로 꿰맞추어 진다는 생각이 듭니다. 제가 지난번 공의회 이후 집에 돌아와 필사본 두루마리를 펼쳐보았습니다. 이사야가 예언한 그리스도의 수난이 얼마나 상세하던지요? 전에도 읽어본 적이 있습니다만 이번엔 메시아 논란이 있는 때여서 실감 나게 다가왔습니다. 또한 다윗왕도 메시아의 고난에 관하여 더욱 상세하게 예언한 바 있습니다. 여기 두루마리가 있으니 한번 찾아 읽어보겠습니다.

"내 하나님이여,

내 하나님이여,

어찌 나를 버리셨나이까?

어찌 나를 멀리하여 돕지 아니하시오며

내 신음 소리를 듣지 아니하시나이까?

내 하나님이여,

내가 낮에도 부르짖고 밤에도 잠잠하지 아니하오나

응답하지 아니하시나이다.

나를 보는 자는 다 나를 비웃으며 입술을 비쭉거리고 머리를 흔

들며 말하되

그가 여호와께 의탁하니 구원하실걸,

그를 기뻐하시니 건지실 걸 하나이다.

많은 황소가 나를 에워싸며 바산의 힘센 소들이 나를 둘러쌌

으며

내게 그 입을 벌림이 찢으며 부르짖는 사자 같습니다.

나는 물 같이 쏟아졌으며

내 모든 뼈는 어그러졌으며

내 마음은 밀랍 같아서 내 속에서 녹았으며

내 힘이 말라 질그릇 조각 같고

내 혀가 입천장에 붙었나이다.

주께서 또 나를 죽음의 진토 속에 두셨나이다.

개들이 나를 에워쌌으며,

악한 무리가 나를 둘러 내 수족을 찔렀나이다.

내가 내 모든 뼈를 셀 수 있나이다.

그들이 나를 주목하여 보고

내 겉옷을 나누며 속옷을 제비 뽑나이다.

예언서를 천천히 읽어내려가면서 요셉의 음성이 떨리며 눈가가 촉촉해졌다. 니고데모도 그러했다. 다 읽은 후 요셉이 끝부분 "내 겉옷을 나누며 속옷을 제비 뽑나이다."하는 대목을 짚으며 말했다.

"제가 어제 조금 늦게 현장에 도착하지 않았습니까? 수하 사람이 제게 다가왔길래 '왜 저분의 옷이 발가벗겨졌으며 그 옷은 어디다 두었는가' 물었지요. 그랬더니 놀랍게도 이 말씀처럼 병사들이 제비를 뽑아 나눠 가졌다는군요. 저는 그 이야기를 들으면서 저분이 그리스도라는데 확신을 더하게 되었습니다."

니고데모가 요셉의 말을 받았다.

"그렇군요. 아주 중요한 증언입니다. 그런데 사도 요한이 참 지혜로운 사람입니다. 그 사람이 말하기를 예수께서 기적을 요구하는 이들에게 "너희가 기적을 요구하나 요나의 기적밖에 보여줄 것이 없다." 말씀하셨다는 것입니다. 요나가 고래에 삼켜져서 사흘 동안 뱃속에 있었으나 토해져서 살아나지 않았습니까? 그가 크게 깨닫고 하나님의 분부대로 반역하는 니느웨성 사람들에게 말씀을 전했는데 전 국민이 금식하며 뉘우치는 대단한 일이 있었지요.

그런데 그분의 말씀 중에 요나의 [사흘 고난] 말고 사흘이란 숫자가 또 나왔다는데요. 예수께서 자기의 가슴을 치며 "이 성전을 헐라. 내가 사흘 만에 다시 세우리라." 하셨다는 것입니다. 그 말씀을 요한이 제게 전해주었습니다. 물론 그걸 꼬투리 잡은 자들의 주장처럼 그것이 예루살렘 성전을 의미하는 것은 아니지요.

이제와서 요한의 증언을 다시 정리해볼 때 그분이 요나처럼 살아나고, 성전을 사흘 만에 다시 세운다는 말씀은 그분의 부활을 예언한 것이라 생각됩니다. 어떻습니까, 저의 해석이…"

요셉이 놀랍다는 듯 입을 딱 벌리며

"의원님이야말로 하나님이 함께하시는 분이고 대단한 통찰이라 생각합니다. 조금 전 우리가 시편을 읽었는데요. 그 말씀을 좀 더 살펴볼 필요가 있습니다." 하며 다시 두루마리를 펴 손가락으로 가리키며 말했다.

"여기를 보세요. 다윗왕이 분명 한달음에 읊은 시인데 고통의 절정에서 반전이 일어납니다.

"주께서 사자의 입에서 구해달라는 기도를 들으시고 내게 응답하사 들소의 뿔에서 구원하셨나이다. 내가 주의 이름을 형제에게 선포하고 회중 가운데에서 주를 찬송하리이다. 땅의 모든 끝이 여호와를 기억하고 돌아오며 모든 나라의 모든 족속이 주의 앞에 예배하리니 나라는 여호와의 것이요, 여호와는 모든 나라의 주재심이로다."

일반적이고 소박한 생각을 넘어가고 있습니다. 메시아는 엄청난 고난을 겪지만 들소의 뿔에서 구원하셨다 한 것처럼 갑자기 살아났고 그로인하여 모든 나라 모든 족속이 여호와 하나님을 예배한다는 것, 우리가 이스라엘과 이방 나라들을 엄격하게 구분했던 것이 여기서 다 허물어지고 있지를 않습니까? 하나님의 구원이 땅끝까지 미친다는 예언이 벌써 천 년 전에 선포되고 있지 않습니까? 그러한 반전이 메시아의 고난과 관계되어 있습니다. 의원님의 통찰과 다윗의 시를 종합해볼 때 우리가 예수님의 부활을 기대해봐야 할 것이라 믿어집니다.

그런데 우리가 현실적인 것에 눈을 돌려야겠는데요. 예수님을 십자가에 못 박아 죽인 무리들이 무슨 딴짓을 벌이지 않을까요? 평소 이 문제에 비판적이었던 우리 둘에게 어떤 올가미를 씌우려 들지 않을까 염려가 되어서요."

니고데모가 앉은 자세를 고치며 말했다.

"우리가 잘못한 것이 뭐가 있습니까? 나는 마땅히 할 말을 했던 것뿐입니다. 결정 유보를 주장했던 것입니다. 잘못은 저네들에게 있습니다. 스승을 배반한 자의 밀고를 받고 무고한 예수님을 잡아다 재판한 것이고, 빌라도를 충동질하여 십자가형에 처한 것입니다. 나중에 들으니 빌라도가 예수님을 놓아주려 했으나 저네들이 악을 쓰며 바라바를 놓아달라 했다지요? 바라바는 사람을 죽인 살인자가 아닙니까? 세상에, 악인을 놓아주고 의인을 죽이다니요. 두고 보십시오. 하나님이 메시아를 사형에 처하라고 주장한 자들을 크게 징벌하실 것입니다.

나는 내일이라도 가야바를 찾아갈 것입니다. 의원님께서도 웬만하시면 함께 가시지요."

요셉이 갑자기 생각났다는 듯 정색하며 말했다.

"아, 제가 이야기에 심취하다 보니 한 가지 중요한 것을 잊고 있었습니다. 예수께서 가야바에게 잡혀가셨을 때 여러 명의 의원이 모였는데 아마도 우리 두 사람한테는 고의로 의회비상 소집을 누락시킨 것 같습니다. 아무튼 사형으로 급선회한 계기가 있었다는데 그것은 예수께서 "이후에 너희는 인자가 권능의 오른편에 앉아있는 것과 하늘의 구름을 타고 오는 것을 보리라." 는 발언을 하셨다는 것입니다. 예수님의 이 말씀을 듣자마자 대사제가 자기 옷을 찢으며 하나님을 모독했다 분개했고, 많은 이들이 사형에 처하라고 소리쳤다 합니다. 안타까운 장면입니다. 위험이 분명하게 예견됨에도 불구하고 예수께서는 그 자리에서 그 말씀을 반드시 해야 한다 여기셨던 듯합니다. 고난을 피해가는 것이 아니라 고난 속으로 들어가시는 의도적인 모습이라 여겨집니다.

그리고 제 생각에 가야바에게 항의 방문하는 것은 좀 더 신중히 생각해야 한다 싶습니다."

니고데모가 말했다.

"네, 그 험악한 상황에서 그런 말씀을 하셨다니 참 안타깝습니다. 하지만 그것도 다 하나님의 섭리 가운데 일어난 일이니 어찌하겠습니까? 역사의 주관자이신 하나님께서 선히 결말지으실 것이라 믿습니다.

밤이 늦었으니 이만 일어서겠습니다. 오늘의 대화 참으로 유익했습니다. 앞으로 우리 두 사람이 긴밀하게 연락을 주고받으며 상의하시지요."

니고데모가 일어나서 작별 인사를 하는데 요셉의원이 대문까지 따라 나왔다. 니고데모는 밤길을 걸어 집으로 돌아왔다. 돌아오니 아내가 많이 걱정했다며 맞아 주었다.

예수 그리스도의 부활과 가야바와의 담판

　　니고데모는 그날 밤 특별한 꿈을 꾸었다. 무덤 하나가 환히 빛나고 있었다. 자세히 보니 예수님의 무덤이었다. 무슨 일일까 꿈에서도 신기하여 그 광경을 바라보고 있는데 언제 왔는지 요셉의원이 자신과 함께 그 광경을 지켜보고 있었다. 그런데 갑자기 황홀하고 신비한 음악이 사방에서 들려오는데 하얀 비둘기들이 허공을 날아다녔다.

　　깨고 보니 꿈이었다. 하얀 비둘기, 니고데모는 그것이 예수님의 부활을 의미하는 것일까 곰곰이 생각했다. 그러느라 잠이 다 달아나서 더이상 자고 싶은 마음이 사라졌다. 니고데모는 일어나 앉았고 하나님께 기도를 올렸다.

　　"만유의 대주재이신 하나님!

당신께서 인류의 구원을 계획하시고 그리스도를 보내실 것을 여러 선지자들을 통해서 계시하셨습니다. 예언서들을 다시금 살펴보면서 요즈음에 일어난 일들이 당신의 섭리 중에 일어난 것이라는 확신을 갖게 되었습니다. 예수님이 천국복음을 전파하시다가 누명을 덮어쓰고 십자가에서 돌아가셨지만 그럼에도 저는 그분에게 희망을 두고 있습니다.

　　그분은 요나의 기적을 말씀하셨고 무너진 성전을 사흘 안에 다시 세우겠다 하셨습니다. 이는 분명 부활을 예고하신 것이라 믿습니다.

　　오, 하나님 아버지!

　　사람에게 생기를 불어넣으셔서 생명이 있게 하셨으니 당신의 영광을 드러내 주십시오. 성경에 예언된 당신의 말씀을 이루어 주십시오. 그리하여 만국이 당신의 선하심을 알게 하여 주십시오. 율법을 지켜 구원을 받는 것이 아니라, 동물을 잡아 바쳐서 죄를 용서받는 것이 아니라 메시아를 믿어 구원을 받고 영생을 선물로 받는 은혜의 문이 열리게 하여 주십시오.

　　아멘."

　　안식일 다음 날 점심때가 다 되어갈 무렵 니고데모는 예언서를 펴놓고 읽다가 마당으로 나왔다. 마당을 거닐다 보니 오늘 따라 백합화가 매우 고고한 자태로 피어있었다. 그 꽃에 한참 눈길을 주었다.

'백합처럼 순결한 마음을 가져야 하는데... 그분은 그런 분이셨어. 그분의 그윽한 눈빛은 아득한 순수함이었지. 나는 그분의 눈빛을 잊을 수가 없다. 죄 하나 없는 호수같이 깊은 눈빛, 세상의 모든 것을 품을 수 있는 사랑과 자비가 듬뿍 배어있는 눈빛, 그분은 아무런 꾸밈이 없어서 말씀 하나하나가 진리라는 믿음을 나에게 주셨어. 그러기에 그 말씀들은 뭇 사람의 마음을 움직이는 강한 힘이 있었어.

그런데 그리도 선한 분을 왜 그처럼 미워하고 죽이기까지 했을까? 그자들이 빛이 아니라 어둠에 속한 자들이기 때문이야. 어둠의 영이 그들의 인격을 지배하고 있음이 틀림없어.'

그런 생각을 하며 서성이고 있는데 발걸음 소리가 들리더니 이내 대문을 두드리는 소리가 났다. 요한이었다.

"의원님! 마침 마당에 계셨군요. 급히 알려드릴 것이 있어서 왔습니다."

"들어가세."

니고데모는 요한을 데리고 집 안으로 들어갔다. 점심때가 다 된 시간이었다. 그는 아내에게 손님이 왔으니 점심상을 차려달라고 했다. 그리고는 자신의 서재 겸 기도방으로 요한을 인도했다. 요한의 얼굴이 예전과 달리 매우 상기되어 있었다.

"그러잖아도 몹시 궁금하여 많은 생각들을 하고 있던 차였네. 그래 무슨 좋은 소식을 가지고 왔는가?"

"네 의원님! 오늘 이른 새벽 동이 터오자 저희 일행인 여인네들이 향유용품을 가지고 무덤엘 갔더랍니다. 그런데 놀랍게도 무덤이 열려있었고 예수님의 시신이 없어진 것을 보았답니다. 여인들이 놀라고 황당하여 울다가 어떤 사람이 있길래 물어보았답니다. 그가 "그분이 여기 계시지 않고 말씀하시던 대로 살아나셨다. 너희는 빨리 제자들에게 가서 그분이 부활하셨다는 것을 알려라."라고 말해 쳐다보니 그 모습이 천사처럼 눈부시게 빛났다 합니다. 여자들이 너무나 놀랍고 기뻐서 제자들을 향해 가는데 이번엔 부활하신 예수께서 직접 그들 앞에 나타나셨다는 것입니다. 여인들은 그 기쁜 소식을 알리기 위해 저희 있는 곳으로 한달음에 달려왔고요.

저희는 그 소식을 듣고 이를 확인하기 위해 저를 포함해 몇 사람이 무덤으로 급히 달려갔습니다. 여인들의 말대로였습니다. 여인들의 말 중 또 하나 중요한 것이 있는데 예수께서 저희에게 갈릴리에서 만나자 하셨다는 것입니다.

우리 중에 일부는 반신반의하고, 일부는 직접 만나 손과 발의 못 자국에 손을 넣어보지 않고는 믿을 수 없다는 강경한 친구들도 있습니다. 하지만 저와 베드로는 주님이 부활하셨다는 것을 확신합니다. 조금 더 시간이 지나면 우리가 다 확신할 수 있도록 주께서 어떤 증거들을 주시겠지요."

니고데모는 요한의 말을 들으면서 마음이 자꾸 울렁거렸다. 그러면서 지난밤 꿈에서 환히 빛나던 무덤이 떠올랐다.

"그래, 나도 그분이 부활하셨을 것이라 믿네. 이제는 우리와 다른 차원의 영광스러운 모습으로 변해계실 거야. 그분이 평소 요나의 기적을 보여주겠다 하셨고 무너진 성전을 사흘 안에 일으키리라 말씀하신 것이 바로 이처럼 기쁜 소식을 의미하는 것이었어.

게다가 그분은 서슬 퍼런 가야바 앞에서조차 인자가 구름을 타고 오리라는 말씀을 하셨다고 하네. 자네도 그 말씀을 들었는가? 만일 그 말씀을 하지 않으셨다면 상황이 어찌 달라졌을지 모르지. 그분은 위험을 피하려 하시지 않고 오히려 위험을 자초해서 그 속으로 들어가신 게야. 오늘 자네의 말을 들으니 그 말씀은 너무나 중요한 것이었어. 인자가 공중의 구름을 타고 오신다는 것은 자유롭게 공간을 이동한다는 것이고, 더는 시간과 공간에 제약을 받지 않는다는 것 아니겠는가? 나에게 직접 말씀하셨던 것처럼 그분은 땅에 속한 분이 아니시고 하늘로부터 오신 분이니 얼마든지 그럴 수 있을거야. 이제야말로 육체의 모든 제약으로부터 벗어나 자유롭고 영광스러운 상태로 변화되셨을 거야. 참 가슴 벅찬 그림이야. 그 말씀대로 이루어지길 바라네.

그런데 시장하겠구면, 우리 점심을 들면서 이야기하세나."

두 사람은 식탁으로 옮겨 맛나게 점심을 먹었다. 그동안 노숙도 많이 했고, 더군다나 주님이 잡히신 다음부터는 제대로 된 식사를 한 적이 없던 요한이었다. 갈릴리로부터 따라온 여인네들이 헌신적으로 뒷바라지를 해주었지만 예수님이 그렇게 된 후엔 그녀들도 다 제정신이 아니었다. 모두들 식욕이 다 떨어진 상태였다. 그런데 오늘 예수님이 살아나셨다는 기쁜 소식을 들었으니 그동안의 긴장과 피로가 싹 가시는 느낌이었다. 식사를 마친 요한이 일어나며 말했다.

"오늘 너무 맛난 점심을 먹었습니다. 정성껏 차려주신 사모님과 의원님께 깊이 감사드립니다. 저는 동료들이 아직 충격에서 벗어나지 못한 것을 보고 와서 빨리 돌아가야 하겠습니다. 주님의 모친께서는 아직 기력을 찾지 못하셨어요. 가서 돌봐드려야 합니다. 요한이 현관문을 열고 나서려는데 의원 부인이 따라 나오면서 보퉁이 하나를 건네며 말했다.

"이거 먹을 것을 급히 좀 쌌는데 소고기 말린 육포와 무화과와 건포도예요. 주의 모친께서 기력을 빨리 회복하셔야 하는데... 얼마나 충격이 크셨겠어요? 하지만 두 분 말씀 나누시는 것을 얼핏 들으니 너무나 기쁜 일이에요. 저도 다시 살아나신 그분을 꼭 한 번 뵙고 싶어요."

요한이 돌아가고 난 후 니고데모는 급히 요셉 의원에게 예수님의 부활 소식을 간단하게 써서 부피가 작도록 꼭꼭 접은 후 다시 한번 파피루스지로 쌌다. 그리곤 급히 관리집사를 불러 편지를 주며 말했다.

"이것을 요셉 의원에게 전해주고 오게나. 이 편지를 받아보시면 크게 기뻐하실거야."

니고데모는 가야바 대사제의 독선적인 행동을 어떻게 대응할까 차분히 생각했다. 처음에는 그를 응징해야 한다는 분노가 끓어올랐다. '가만히 있을 수 없다. 반대가 예상되는 자기와 요셉과 삼무아를 비롯, 자기와 가까이 지내는 이들에게는 일체 연락하지 않다니… 자기네들끼리 회의를 열어 일사천리로 예수님에 관한 사형판결을 내린 것은 불의하기 이를 데 없는 것이다. 나 혼자의 힘으로 안된다면 뜻을 같이하는 사람들과 힘을 뭉쳐야 한다.'

하지만 시간이 경과하면서 감정적으로 대응해서는 안된다는 생각이 들었다.

'이에는 이'라는 식의 대응은 문제해결에 아무 도움이 안된다. 하나님의 도움을 구해야지. 분을 삭이고 이성적으로 대응해야 한다. 저네들은 악의 세력에 이끌려 그리스도를 죽인 자들 아닌가? 내가 감정적이고 인간적인 방식으로 대응한다면 이는 사탄의 전략에 넘어가는 꼴이 될거야. 하나님의 말씀에 비추어 말씀을 근거로 저들의 편협하고 그릇된 생각의 모순이 어디에서 비롯되었는지 차분히 논리를 세워야 한다.'

생각이 여기에 미치자 말씀과 논리로 무장한 자가 진정한 장수라 판단되었고 자신감이 생겼다. 두려움이 다 사라졌고 하나님이 자신과 함께하실 것이라는 믿음이 생겼다.

그날 니고데모는 요한이 돌아가고 난 후 두 시간쯤 지나 가야바 관저로 갔다. 보좌진 두 명이 무언가 숙의를 하던 중이었나 본데 가야바가 면담을 허락해 주었다.

"어서 오시오. 의원님께서 오시리라 생각하고 있었습니다. 우선 나사렛 예수에 관한 일을 의원님께 알리지 않은 것을 유감스럽게 생각합니다. 일이 급하게 돌아갔고 우리는 잠을 거의 자지 못하고 이 일을 처리했습니다. 안식일 전날 밤중에 예수의 제자 유다가 우리의 편이 되어 예수를 우리에게 넘겨주었던 것입니다."

니고데모는 흥분되는 마음을 가라앉히려 애를 쓰며 입을 떼었다.

"존경하는 대제사장님!

제가 이처럼 찾아뵌 것은 그 문제를 따지려는 것이 아닙니다. 하나님 나라를 대망하는 우리가 신앙을 정립하는 중요한 사안들에 대하여 인식의 차이를 좁혀보고자 함입니다. 대화를 통하여 하나가 될 수 있다는 확신이 제게 있습니다. 대제사장님께서도 불철주야 하나님 나라와 이스라엘의 안정을 위해 애쓰고 계시니 하나님께서 지혜와 분별의 영을 부어주시길 바랍니다.

우리는 그 생애를 하나님께 드렸던 다윗왕의 예언과 대 예언자 이사야, 에레미야, 에스겔, 스가랴 등의 선지자를 통해 하나님께서 선포하셨던 예언의 유산을 가지고 있습니다. 그래서 우리의 소망이 이 세상이 아니라 하늘나라에 있음을 믿고 있습니다. 그로인해 우리는 다같이 한마음으로 그 나라를 이루기 위해 오실 메시아를 간절히 대망하고 있습니다.

먼저 메시아는 지상의 막강한 권세를 가지고 화려한 왕의 모습으로 오시지 않는다는 것입니다. 선지서에서 "그는 주 앞에서 자라나기를 연한 순 같고 마른 땅에서 나온 뿌리 같아서 고운 모양도 없고 풍채도 없은즉 우리가 보기에 흠모할만한 아름다운 것이 없도다." 하였습니다.

또한 그 메시아가 베들레헴에서 난다고 하였는데 삼십삼 년전, 헤롯왕 시절에 한 아기의 탄생으로 이스라엘의 두 살 이하의 수많은 아기들이 학살당하는 참극이 벌어졌었습니다. 제가 그 사건이 상세하게 기록된 것을 성전문서보관소에서 며칠 전 찾아 확인했습니다. 그런데 그 아기는 호구조사 때문에 부모가 예루살렘에 와서 아기를 낳았을 뿐 바로 나사렛으로 돌아갔던 것입니다. 매우 특별한 것은 당시 스가랴 대제사장 때에 안나 선지자와 사가랴 선지자가 그 아기의 메시아됨을 예언했다는 것이 야사에 기록되었습니다. 그 기록에 의하면 그의 모친이 처녀였으나 성령으로 아기를 잉태하였다는 것입니다.

존경하는 대제사장님!

하나님이 함께 하시면 능치 못할 것이 어디 있겠습니까. 이사야선지가 처녀가 잉태하여 아들을 낳을 것이라 하지 않았습니까? 그 아기가 자라 예수가 되었고 십자가에 못 박혀 무덤에 묻혔습니다. 두고 보십시오. 장사지낸 그 예수가 다시 살아날 것입니다. 그런 일이 일어나거든 대제사장님께서도 이 일이 하나님에 의해 일어났다는 것, 그리고 그분이 그리스도라는 것을 인정하십시오. 대제사장님께서 이 일에 깊이 관여하셔서 빌라도에게 그를 넘겨주었지만 그가 다시 살아난다면 이는 합력하여 선이 되는 것입니다."

여기까지 인내하며 듣고 있던 가야바의 얼굴이 침울하게 흑빛으로 변했다. 마침 그때였다. 문 두드리는 소리를 듣고 보좌진 하나가 나갔다가 조금 후 들어왔다. 그리고는 대제사장에게 다가가 귓속말로 무엇인가 말을 하는데 팔걸이에 얹은 대사제의 손이 부들부들 떨렸다. 가야바는 격노하여 소리치듯 말했다.

"이보시오. 니고데모 의원!

당신이 도대체 무슨 일을 꾸민거요. 그 예수의 시체가 없어졌다는데 이게 당신이 말하는 예수의 부활이란 말이요? 당신네들이 예수의 제자들과 작당하여 일을 꾸민 것 아니냐 말이오. 만에 하나 예수가 부활했다면 왜 여봐란듯이 나에게 나타나지 않는단 말이요? 그가 나에게 나타난다면 내가 믿겠소."

가야바는 몹시 흥분했다. 니고데모가 그를 차분히 가라앉히려고 손짓을 했으나 막무가내였다. 니고데모는 사태가 악화되고 있다는 것을 직감했다.

"대제사장님!

흥분을 가라앉히고 제 말을 마저 들어보십시오. 오래 걸리지 않습니다. 그분이 정녕코 부활했다면 여러 사람에게, 아무에게 나타나지 않을 것입니다. 저도 이곳에 오기 직전에 제자 중 한 사람의 전갈을 받았습니다만 그 제자도 아직 부활한 그분을 보지 못했다 했습니다. 부활의 영광스러운 모습을 만난다는 것은 특별한 은총일 것입니다. 그분은 평소 요나의 기적을 언급하면서, 또 성전의 기적을 언급하면서 사흘이라는 기간에 의미를 두었습니다. 오늘이 그가 못 박혀 죽은 지 사흘째 되는 날 아닙니까? 저는 그분의 모든 발언과 행적을 조사하며 그분이야말로 하나님이 보내서 오신 그리스도라는 것을 확신합니다.

대제사장님!

그러니 이제라도 마음을 가다듬고 선지자들의 입을 통해 하나님께서 말씀하신 것을 생각하시어 잘못을 뉘우치고 회개하십시오. 그러면 하나님께서 산 같은 죄라도 용서하여 주실 것입니다. 하나님께서는 회개하는...”

가야바가 더는 듣지 않겠다는 듯 손사래를 치며 말을 가로막았다.

“듣기 싫소, 오늘 당신이 나를 찾아와 한 말을 나뿐 아니라 여기 보좌진들이 다 들었고 그들이 증인이요. 나는 당신의 그릇된 주장을 간과하지 않겠소. 당신네들이 작당하여 예수의 장례를 치렀다는 것을 내 이미 보고 받았소. 내가 처형한 죄인을 대제사장인 나에게 찾아와 그리스도라 설득하려 한 것을 내 결코 용납하지 않겠소. 두고 보시오.

여봐라. 의원을 모셔라.”

니고데모는 목례를 하고 그 방을 물러 나왔다. 낭패스러웠다. ‘그래도 그의 양심에 한 가닥 희망을 걸었거늘, 그가 하나님을 대적하는 저 악의 무리와 한 통속이 되었군. 이스라엘의 장래가 걱정되는구나. 나라가 큰 혼란 속으로 빠져들고 말겠어. 사탄이 더욱 활개를 치며 벌떼같이 의인들을 삼키려들 것이니 이를 어찌하면 좋겠나.'

그는 황망히 집으로 돌아왔다. 저녁 식사 때가 되었으나 식욕이 일어나지를 않아 드는 둥 마는 둥 저녁상을 물렸다. 아내에게 오늘 있었던 일을 말했다. 아내와 앞으로의 일을 상의해야만 했다.

"여보, 바야흐로 어둠의 세력이 판을 치는 때가 되었소. 오늘 가야바가 나에게 독기를 품었으니 나를 가만두려 하지 않을 것이오."

아내가 말했다.

"그 사람과 대화하지 않는 것이 더 좋을 뻔했어요. 그렇지만 저는 당신이 자랑스러워요. 그 사람이 고집이 세고, 하나님을 두려워하지 않는 사람이라는 것을 많은 이들이 알고 있는데 그럼에도 당신은 용감하게 그의 잘못을 지적하셨어요. 더군다나 예수님이 그리스도라는 것을 주장하셨으니 대단하세요. 하나님이 당신을 축복하실 거예요. 그리고 예수님 또한 이 일을 아신다면 크게 기뻐하실 것이라 믿어요."

니고데모에게 그날은 무척 길게 느껴졌다. 기쁨이 있었고 감사가 가득한 날이었다. 하지만 안타까움이 있었고 잠시긴 하지만 두려움도 있었다. 아내가 자신의 입장을 이해해 주고 힘이 되어주니 참 고맙다는 마음이 들었다. 니고데모는 그렇게 하루를 회상하며 침대에 앉아 모든 것을 하나님께 의탁하는 기도를 드린 후 잠을 청했다.

그로부터 며칠이 지난 어느 날 저녁나절에 다시 요한이 찾아왔다.

"의원님! 오늘 아침 주께서 저희들을 찾아오셨습니다. 부활의 소식을 들은 지 여드레째가 되는 날이지요. 우리가 문을 닫아걸고 방에 다 함께 모여있는 자리에 주님이 들어오셨습니다. 주님은 완전히 달라진 모습이었습니다. 그래서 처음엔 우리 중 아무도 그분이 정말 주님이신지 몰라보았습니다. 얼굴에는 신비한 광채가 났고, 매우 잘생긴 미남으로 변해 있었습니다. 하지만 자세히 보니 그 눈매와 말씀하실 때의 입 모양과 음성은 영락없는 주님이셨습니다.

주께서는 의심하는 저희를 꾸짖으시면서

"먹을 것이 좀 있느냐?" 하셨고 저희가 생선 구운 것을 조금 드렸지요. 주께서는 우리가 보는 가운데 그것을 잡수셨습니다.

그런 다음 말씀하시기를

"믿음 없는 자가 되지 말고 믿음 있는 자가 되어라." 하셨습니다. 그 말씀을 하시고는 들어오실 때처럼 저희 눈앞에서 갑자기 사라지셨습니다. 저는 시간과 공간에 구애되지 않고 순간이동하시는 주님의 새로워진 모습, 영광스럽게 되신 모습이 얼마나 대단한가 감탄했습니다.

오늘 주님은 우리에게

"성령을 받아라." 말씀하기도 하셨습니다. 고난 전에도 성령에 관하여 말씀하셨는데 그때 우리 각자가 성령을 받을 것이라 하셨습니다. 그리되면 우리가 다 지혜로워져서 성령의 가르침을 받고 담대해지며 기쁨으로 가득하게 될 것이라 하셨습니다. 그 말씀을 하시면서 주께서는 탄식하듯 그런 때가 속히 오면 얼마나 좋겠느냐 하셨습니다. 그 성령을 부활하신 후 다시 말씀하신 것입니다.

의원님!

주님은 정녕 평소 누차 말씀하신 대로 정녕 부활하셨습니다. 하지만 아무 때나 아무에게나 그 영광스러운 모습을 보이시는 것은 아니라 생각됩니다. 주님의 부활은 너무나 놀랍습니다. 이는 주님을 믿는 저희도 장차 부활할 것임을 의미하는 것이지요.

내일 아침 저희는 갈릴리로 떠납니다. 주님을 만나기 위해서 가는 것입니다. 주께서 왜 꼭 그 먼 곳에서 만나자 하시는지 잘은 모르지만 아마도 처음의 사명을 되새기고 새로운 비전을 주시기 위한 것이 아닐까 생각됩니다."

요한의 말을 들으면서 니고데모의 가슴이 계속해서 울렁거렸다. 마음속에 계속해서 '아멘, 아멘.'이란 단어가 떠올랐다.

"요한 사도, 나에게 그같이 기쁜 소식을 전해주니 정말 고맙네. 나 역시 주님의 부활이 매우 기쁘고 감격스럽네. 자네들이 사도로 택함을 받았으니 앞으로 해야 할 일이 많겠군. 하지만 각오를 단단히 해야 할 거야.

며칠 전 가야바를 찾아가 이야기를 나누는 중에 그의 마음 깊은 곳에 일어나는 악한 자의 분노를 볼 수 있었어. 그가 지금쯤 나와 요셉 의원에게 불이익을 주기 위해 모략을 꾸미고 있을거야. 내가 결국은 그리스도의 부활을 알리는 메신저 노릇을 했으니... 나는 그가 양심의 소리를 들을 수 있을 것이라 기대해서 찾아갔더랬지. 그러나 그런 기대는 부질없는 것이었어.

여보게 사도!

난 산헤드린 공의회 의원이라는 직함에 연연하지 않네. 그 의회는 이미 악의 세력에게 점령되었다는 판단이야. 그 직을 내려놓고 한동안 예루살렘을 떠나있어야 되겠다 생각하고 있어. 우리 하나님께 간절히 기도하고 있는 중이야. 저자들이 공격의 채찍을 휘두르기 전에 일단 불을 피해야 하지 않겠나?

아, 자네가 성령에 대하여 말했던 것 마음에 새기고 있겠네. 나도 성령에 대하여 더 알고 싶고, 그 은혜 입기를 사모하는 마음 간절하네."

요한은 니고데모가 성령님의 은혜에 대하여 큰 관심을 보이자 일어나려다 말고 그에 관한 이야기를 더 했다.

"선생님!

이스라엘의 이름난 선생이라 주님께서 말씀하신 적이 계시니 선생님이라 호칭한다 해서 무리가 없을 것입니다. 주님께서는 우리가 받을 성령에 관하여 말씀하시기를 "너희가 성령을 받으면 그 배에서 생수의 강이 넘치리라" 하셨습니다. 그 은혜가 매우 풍성할 것을 말씀하신 것이지요. 사실 저희들은 위험이 닥치자 모두 주님을 버리고 달아나기 바빴던 것을 생각하며 모두들 부끄러워 했습니다."

니고데모가 손사래를 치며 "하지만 자네는 가야바의 뜰에는 물론 골고다까지 주님과 함께 올라갔고 끝까지 주님 곁을 지킨 사람 아닌가?"

"그렇긴 합니다만 저 역시 다른 동료들과 다름없이 매우 긴장했고 두려웠습니다. 이래가지고 어찌 주님의 제자라 할 수 있는가 하는 자괴감이 들었습니다. 하지만 제가 희망을 가지는 것은 저희들이 성령의 능력을 받으면 안으로부터 새로워지리라는 것입니다.

주께서 말씀하셨지요. 성령이 오시면 심판과 의와 죄에 대한 세상의 그릇된 생각을 바로잡아주실 거라고요. 부언해서 그 세 가지 의미를 설명해 주셨는데 세상이 이미 심판을 받았다는 것이고 의는 주님께서 세상을 떠나 하늘에 오르시는 것이라 하셨으며 주님을 믿지 않는 것이 바로 죄라 말씀하셨습니다. 저는 그 말씀을 곰곰이 묵상했는데 매우 깊은 의미가 담겨있다 생각합니다."

"허허, 그래요? 역설적인데 확실히 기존의 관념을 쇄신하시려는 거야. 그리고 무엇보다 하늘에 오르시는 것이 하나님의 의를 이루시는 것이라는 점이 얼른 납득이 되질 않아요."

요한이 그에 대하여 부언해서 설명을 했다.

"의원님!

주님께서 지상의 과업을 마치고 승천하시면 십자가에서 마지막으로 소리치셨던 "다 이루었다." 하신 선언을 완전히 마무리 하시는 것입니다. 그런 후 성령을 보내셔서 사람들이 성령님의 지도를 통하여 복음을 믿고 죄를 벗어버리게 되면 하나님의 의가 이루어지는 것 아니겠습니까? 하늘에 오르지 않고서는 다음 절차가 진행되지 않으니 그리 말씀하신 것이라 믿습니다.

그에 따라 예수님을 주님으로 믿고 영접하면 죄를 사함을 얻고 하나님께 인정받는 자녀가 되는데 예수님을 믿지 않으면 죄가 그대로 남게 됩니다. 그러니 세상의 그 어떤 죄보다 큰 죄가 그리스도를 믿지 않는 것이라 말씀하신 것입니다."

"음~ 그렇게 고마우신 분이 있나. 사실 역대 종교지도자들 중에 예언자들을 박해하고 죽인 사람들이 다 인간적으로 생각했기 때문이야. 성령의 지도가 절실히 필요한 것이 사람이야. 예수님이 성령께서 속히 많은 이들에게 임하시기를 간절히 원하셨다는데 나도 그분을 경험하고 싶은 마음 간절하네. 그때가 언제쯤 되겠는가?"

"네, 아마도 예수께서 하늘에 오르신 직후일 것이라 생각합니다. 주께서 말씀해 주시겠지요. 이제까지는 특별히 은총을 입은 분에게만 성령의 은혜가 임했지만 앞으로는 진실하게 믿는 모든 이들에게 성령이 임하시리라 기대합니다."

"그렇군. 나는 예수님께서 비상한 상황 중에 인자가 구름을 타고 오실 것이란 말씀을 하셨다는 점을 곰곰이 생각하고 있어요. 이사야 선지서를 읽다보니 그와 관련한 말씀이 눈에 들어왔는데 "저 구름처럼, 비둘기가 보금자리로 날아가는 것처럼 날아오는 자들이 누구냐!" 외쳤어요. 그것은 장차 하늘나라에서 우리 사람들이 공간을 자유롭게 이동한다는 것이잖겠소? 나는 그것이 예수님의 말씀과 일맥상통한다 생각된다오. 사도."

요한이 그의 통찰에 놀랐다는 듯 니고데모가 알지 못한 이야기를 해주었다.

"한번은 저희 제자들 셋을 데리고 주께서 높은 산에 오른 적이 있었습니다. 그런데 갑자기 예수님의 모습이 눈같이 희게 빛났는데 모세와 엘리야가 그 자리에 온 것입니다. 그 두 분도 희고 빛나기가 예수님과 같았어요. 그분들의 대화를 들어보니 앞으로 있을 예수님의 고난과 장례에 관한 것이었어요. 그런데 갑자기 천둥 같은 소리로 "이는 내 사랑하는 아들이니 너희는 그의 말을 들으라."라는 말씀이 하늘로부터 들려왔습니다. 저희 셋은 너무나 두려워 급히 몸을 구푸려 바위틈에 몸을 숨겼습니다. 정신을 차리고 보니 모세와 엘리야 두 분은 이미 온데간데 없었습니다. 순간이동해 버리고 난 뒤였던 것입니다.

저는 '이런 장면을 왜 저희 세 사람이 볼 수 있게 하셨을까?' 곰곰이 생각했습니다. 그것은 앞으로 저희가 고난을 당하더라도 모세와 엘리야 그리고 주님처럼 영광스럽게 될 것이라는 꿈을 심어주시기 위한 것이라 생각했습니다. 빛나는 몸, 순간 이동할 수 있는 몸, 공간에 구애받지 않는 몸을 저희도 갖게 될 것이라 믿습니다."

"놀라운 증언이네. 나에게 그런 소중한 이야기를 해주니 너무 고맙네. 자네 덕분에 나의 하늘나라에 대한 소망이 매우 구체적이 되었어. 피차의 사정이 이러니 우리가 당분간 만날 수 없겠군. 하지만 예루살렘에 다시 올라오면 꼭 연락을 주게나."

저녁 식사를 하고 가라는 청을 굳이 물리치고 요한이 떠나고자 했다. 그때 니고데모의 아내가 이번에도 미리 준비해 두었던지 먹을 것을 한 보따리 싸서 나왔다.

"이거 준비했는데 여러분들과 함께 나눠 잡수세요. 객지에서 먹거리가 얼마나 부실하겠어요. 이처럼 기쁜 소식을 나누어 주셔서 너무 감사해요."

요한은 황공하다는 듯 연신 고개를 숙이며 감사의 인사를 하며 말했다.

"아이고 사모님! 올 때마다 이처럼 먹을 것을 챙겨주시니 너무나 감사합니다. 지난번에 주신 것도 형제들과 매우 맛있게 먹었습니다. 의원님과 사모님을 우리 하나님과 주님께서 눈동자처럼 보호해 주시고 축복해 주시기를 늘 기도하겠습니다."

부당한 재판

의회가 소집되었다. 니고데모는 자신의 제명을 의결하리란 것을 알고 인편에 의원사직서를 대제사장에게 이미 제출해 놓았다. 요셉의원과도 이 문제를 상의했다. 요셉의원도 가야바를 포함해 강경파들이 주도하는 공의회에 환멸을 느낀 지 오래였다. 그가 자신과 함께 예수님의 장례를 치러드렸다는 것을 저쪽이 인지했다는 것, 그래서 어떤 불이익이 있을 것이라는 점을 요셉도 감지하였다. 니고데모가 사직서를 낸 다음 날 요셉의원도 함께 사직서를 내었다.

보기에 따라서는, 아니 저네들이 우리를 공격하기에 따라서는 로마총독에 의해 사형판결을 받은 사람을 도왔으니 항명행위로 고발할 수도 있겠다 싶었다.

공의회가 있은 다음 날 요셉과 니고데모의 사직처리가 완료되었다는 소식을 어두운 밤 집으로 찾아온 후배 삼무아 의원에게 들었다. 삼무아는 그 말고도 한 가지 더 안 좋은 소식을 전했다.

"의원님!

이런 소식을 전해드리게 되어 송구하기 짝이 없습니다. 의원님은 요셉 의원님과 함께 '양심의 횃불이며 의의 수호자'이신데 시국이 시국인지라 어둠의 세력이 요동치고 있는 듯합니다. 저쪽의 강경파 한 사람이 의원님을 사직 처리하는 정도로 끝나서는 안된다며 빌라도에게 고발 조치해야 한다 했습니다. 십자가형을 언도 받은 자의 장례를 치러준 것은 빌라도에 대한 도전이요, 로마의 법체계에 대한 항거라는 논리를 폈습니다. 더불어서 대사제를 보좌하는 두 의원이 차례로 발언했는데 예수가 그리스도이며 그가 부활했다는 주장을 퍼트리고 다니는 무리를 엄벌해야 한다는 주장을 한 것입니다.

예수님의 사형판결이 있은 지 얼마 안되어 이번에도 군중을 선동할 태세입니다. 아무래도 의원님께서 잠시 예루살렘을 떠나셔야 할 것 같습니다. 참으로 안타까운 상황입니다."

니고데모가 깊이 한숨을 내쉬며 말했다.

"나와 함께 요셉 의원에게도 같은 죄목을 뒤집어씌우려 하다 니 쯧쯧. 그러나 이렇게 신속하게 회의결과를 알려주시니 매우 고맙소이다. 예수님은 분명 부활하셨소. 그분의 죽음은 선지자 의 예언대로 된 것이오.

성전관리인 한 사람이 내게 알려준 것이 하나 있습니다. 그 날 오후 하늘이 세 시간 동안 밤처럼 어두워지고 천둥과 번개 가 칠 때 성전에 벼락이 내리쳤다고 합니다. 그때 지성소의 휘 장이 위에서 아래로 찢어졌다는 것이오. 하나님께서 우리에게 주시는 강력한 메시지가 거기에 들어있소이다. 그분 예수 그리 스도께서 흠 없는 유월절 어린양이 되셔서 하나님의 아들로 그 뜻을 이루셨을 때 선지서의 말씀이 이루어진 것이오. 율법의 휘장을 걷어내고 이제는 그분의 이름과 그분의 공로를 힘입어 모든 이들이 자유롭게 하나님께로 나갈 수 있는 새 시대를 열 어놓은 것입니다.

시편에 "주께서 제사와 예물을 기뻐하지 아니하시며 번제와 속 죄제를 요구하지 아니하신다" 하셨으며 이어서 말씀하시기를 "나를 가리며 기록한 것이 두루마리 책에 있나이다."하셨습니다. 율법의 근간인 제사를 폐지하신다는 혁신적인 말씀인데 그것 을 대신하는 그리스도가 오셨고 새 시대가 열린 것입니다. 시편에 또 말씀하기를 "감사로 제사를 드리는 자가 나를 영화롭게 하느니라." 하셨는데 그것은 전통적인 제사 대신 또 다른 제도를 계획하신 것이라 확신합니다.

또한 말라기 선지자가 예언한 것은 더욱 충격적입니다.

"내가 너희의 자손을 꾸짖을 것이요, 너희 절기의 희생의 똥을 너희 얼굴에 바를 것이라. 너희가 그것과 함께 제하여 버릴 것이라." 하셨습니다. 이 얼마나 무서운 말씀입니까? 형식에 치우쳐 그 마음의 중심이 하나님으로부터 떠난 자들이 바치는 제물을 외면하신다는 것 아니겠습니까? 그러니 그분은 평소 말씀하신 대로 요나의 기적을 우리에게 보여주신 것입니다. 나는 확신합니다. 이제는 율법을 지켜 구원받는 것이 아니라 예수 그리스도의 거룩한 피와 그 이름을 통해서 믿음으로 구원받는 시대가 열린 것이라 믿습니다."

삼무아 의원이 이를 듣고 두려운 듯 주위를 한번 살펴보며 말했다.

"의원님, 말씀이 너무 강경하십니다. 자중하셔야 합니다. 저네들의 기세를 모르시는 분이 아니잖습니까? 하지만 저는 선지자들에 대한 탁월한 의원님의 해석에 대하여 지지를 보냅니다. 저도 선지서를 더욱 깊이 묵상하도록 하겠습니다."

삼무아가 돌아간 후 니고데모는 요셉의원을 만나야겠다 생각했다. 이번에는 그의 집에서 만날 것이 아니라 저녁 식사 시간에 초대해야겠다 생각했다. 공기가 심상찮은 때이니 대낮에 만나는 것이 좋지 않을 것이라 판단한 것이다. 관리인을 통해 전갈을 보냈고 시간이 되면 마차를 보낼 것이라 하였다.

시간이 되어 요셉의원이 관리인의 안내를 받아 현관문을 열고 들어왔다.

"어이구, 어서 오십시오. 의원님, 이제 우리가 한 배를 탄 동지가 되었습니다."

"감사합니다. 이처럼 초대해 주시니..."

둘은 식탁을 놓고 마주 앉아 둘만의 식사를 했다. 니고데모가 말을 꺼냈다. "식사하면서 이야기하시지요. 지금 한가로운 때가 아니니..." 요셉이 동의한다는 듯 음식을 입에 넣은 채로 고개를 끄떡였다.

"오늘 삼무아 의원님게 그간 저네들이 우리에 대하여 행한 결정들 그리고 앞으로 우리를 고발할 것이라는 이야기를 들었습니다. 저네들이 기어이 기름 부은 종을 거슬러 악을 저지르더니 이제 그 화살을 우리 두 사람에게 겨눌 모양입니다."

"네, 말씀 계속하시죠."

"그래서 이 문제에 대한 대책을 상의하려 모신 것입니다."

두 사람은 아직 식사가 조금 남아있었지만 수저를 놓고는 정갈하게 놓여진 수건으로 입가를 훔쳤다.

둘은 일어섰고 니고데모가 한쪽을 가리키며 "이쪽으로 모시겠습니다."하며 응접탁자가 놓여있는 쪽으로 요셉의원을 인도했다. 둘은 탁자를 앞에 놓고 벽에 나란히 몸을 기대었다. 그 사이 가사 도우미가 차를 내왔다. 니고데모는 도우미가 찻잔을 놓고 돌아서기 전에 "내가 부를 때까지는 둘만의 시간을 가질 것이니 그리 아시오."하였고 그녀는 공손히 목례를 하고 물러섰다.

"어찌하면 좋겠소? 우리를 로마법에 대한 항명죄로 고발하면... 저들이 코에 걸면 코걸이, 귀에 걸면 귀걸이식으로 우리를 옭아넣을 것 같은데 나는 잠시 소나기를 피해야겠다 생각하고 있습니다. 의원님은 어찌 생각하십니까?"

요셉의원이 한참을 생각하더니 무겁게 입을 열었다.

"먼저 나는 예수님의 그리스도 되심에 대하여 확신합니다. 그분이야말로 하나님이 보내신 분이므로 우리의 행위는 매우 정당합니다. 나는 의원님의 전갈을 통해 그분이 부활하셨다는 소식을 듣고 매우 매우 기뻤습니다. 우리가 눈으로 확인하지는 못했지만 저의 마음속에 큰 기쁨이 있었습니다. 주체할 수 없을 정도의 기쁨입니다. 나는 이 기쁨이 저와 의원님에게 주시는 하나님의 메시지요, 상급이라 생각합니다.

니고데모 의원님께서는 장례를 주도하셨는데 나아가 대제사장에게 그리스도의 부활을 알리고 지지까지 하셨습니다. 그러니 저와는 또 다른 국면이라 생각합니다.

그리고 저의 생활은 복잡합니다. 쉽사리 손을 털고 자리를 옮길 상황이 되지를 못합니다. 벌여 놓은 사업들이 하루라도 제가 없으면 안되는 상황입니다. 다른 사람에게 맡길 수 있는 상황이 못돼요.

그러니 어떡하겠습니까? 바람이 불어온다면 온몸으로 막아서겠습니다. 모든 것을 하나님의 섭리에 의탁하도록 하겠습니다. 의원님은 피하십시오. 꼭 예루살렘이 아니더라도 의원님의 학식과 믿음으로 정의의 횃불을 높이 드실 수 있으시니까요."

니고데모가 그 말을 받았다.

"그러시군요. 우리가 함께하면서 서로에게 힘이 되어야 한다는 생각을 했습니다. 하지만 의원님의 말씀을 듣고 보니 우리가 함께 있으면 바람도 더 거세질 것이고, 공격의 칼날도 더 강해질 거라 생각되는군요. 우리가 잠시 헤어져 지내더라도 믿음의 동지로 서로를 위해 기도합시다. 제가 한번 기도하겠습니다.

생명의 주관자이신 하나님!

하나님을 거슬러 거룩한 종을 십자가에 못 박은 자들의 궤계를 뒤엎으셔서 사흘 만에 무덤에서 살리신 것을 찬양하며 경배 드립니다. 이제 만민들이 구원을 받는 은혜의 새 시대를 여신 것이라 믿고 이는 선지자들을 통해 누누이 말씀하신 것을 이루신 것이라 믿습니다.

이제 저희가 큰 위험과 위협 앞에 놓이게 되었습니다. 하지만 우리가 악한 자들의 권세에 타협하지 않게 하시고 지혜롭게 잘 상황을 헤쳐나갈 수 있게 해 주십시오. 요셉 형제와 그 가족들을 지켜 주십시오. 또한 저와 아내를 지켜 주십시오. 우리가 함께할 수 없을지라도 시간과 공간을 초월하시는 한 하나님을 아버지로 모시고 있으니 기도를 통하여 서로의 교제가 지속되게 하여 주십시오.

의로우신 하나님!

가야바 대제사장과 그의 협력자들이 회개할 수 있게 해 주십시오. 악한 자의 사주에서 속히 벗어나게 해 주십시오. 무엇보다 예수 그리스도의 십자가와 부활의 복음이 신속하게, 능력있게 만국으로 퍼져나가기를 소원합니다. 저희들을 그 도구로 사용하여 주십시오. 메시아이신 예수님을 의지하여 기도합니다. 아멘!

기도를 마친 후 두 사람은 집 밖으로 나왔다. 별이 총총히 빛나고 있었다. 두 사람은 서로를 포옹했다. 다시 만날 수 없을지도 모른다는 숙연함이 있었다. 요셉은 대기하고 있는 마차에 올랐고 이내 니고데모의 시선으로부터 사라졌다.

니고데모는 고뇌했다. 위험이 닥친다고 하여 도망치는 것이 과연 믿음의 사람으로 합당한 것인가 하는 생각이 들었던 것이다. 이스라엘의 횃불이라며 자신을 의지했던 많은 동료와 후배들, 제자들이 마음에 상처를 받지 않을까 염려가 되었다. 악한 무리들은 도망자, 비겁자라 비아냥거릴 것이 뻔한 노릇이었다. 이런저런 생각 끝에 니고데모는 좀 더 신중하게 처신을 하기로 했다.

하지만 언제 닥칠지 모르는 위험에 대비해야 하겠다는 생각으로 아내와 함께 짐을 싸두었다. 여차하면 출발할 수 있도록 비상식량과 돈을 넉넉히 준비했고 시편과 이사야 선지서 두루마리도 챙겼다. 그 외에 중요문서와 옷가지 등도 정리했다. 관리인에게는 마차를 손질해 두라 이르고 말 두 마리가 며칠간 먹을 건초뭉치도 실어놓으라 했다. 관리인도 알고 있어야 하므로 현 위기상황을 모두 이야기해 두었다. 그 사람도 예수 그리스도의 이적을 보았고 가르침을 들어서 이미 주인인 니고데모와 같은 마음이었다.

"나에게 무슨 일이 생기면 자네가 집에 관한 모든 것을 챙겨 두게나. 자네도 하나님을 경외하고 예수를 그리스도로 믿고 있으니 하나님이 함께 하실 걸세."

부당한 재판, 그리고 투옥

　며칠이 더 지났다. 니고데모와 요셉에게 가야바로부터 호출이 왔다. 말이 호출이지 건장한 자 두 명씩을 보낸 임의동행, 즉 구인이었다. 도착한 곳은 가야바의 관저에 딸린 재판정이었다. 여러 명의 강경파의원들이 십여 명 모여있었다. 이른바 집행위원이었다. 이들은 지난번 회의 때 요셉과 니고데모의 문제를 위해 특별히 선출된 사람들이었다. 그들은 지난 며칠간 고발의 증거를 수집하고 논리를 개발하여 고발장을 만들었을 것이라 여겨졌다. 조금 있으려니 요셉도 끌려왔다. 대제사장이 근엄한 얼굴을 하고 법정에 자리를 잡더니 운을 떼었다.

　"우선 두 사람은 지난번 회의에서 의원직을 상실했으므로 우리는 자연인 니고데모와 요셉의 이름 그대로를 사용하겠소.

　두 사람이 함께 이 법정에 출석했으니 집행위원들은 피의사실을 적시해 주기 바라오. 우리는 이 문제를 공정하게 처리하기 위하여 본 재판의 과정을 두 명의 기록원이 모두 기록하도록 했소. 재판은 율법에 따라, 또한 로마법을 원용하여 진행될 것이오. 두 사람은 시신 탈취죄의 공범 관계이므로 병합해서 심리하겠고, 니고데모의 이단교리 유포죄 및 사기죄는 단독 심리하겠소. 집행위원은 차례로 피의사실을 적시해 주시기 바라오.

집행위원1: 먼저 오랫동안 중요문제를 논의했던 동료의원의 범죄를 심리하게 되어 유감스럽다는 것을 밝힙니다.

첫째로 나사렛 도당 예수의 시신을 탈취한 죄입니다.

피고인들은 예수가 살아있을 때 성전을 헐고 사흘 만에 다시 짓겠다 주장한 것이 부활을 의미한다고 판단하여 밤중에 침입, 로마 병사를 따돌리고 그 시신을 훔쳐서 은밀한 곳에 감추어 두었습니다. 이에 대한 로마병사의 증언이 있는데 피의사실 심문 이후 들도록 하겠습니다.

집행위원2: 이번에는 병합심리가 아니라 니고데모 단독심문으로 하겠습니다. 이단교리 유포 및 사기죄입니다.

니고데모는 대제사장님을 찾아와 산헤드린공의회 판결과 로마법정의 판결에 거역하여 무단히 사형수 시신탈취죄를 숨긴 채 대제사장 앞에서 무엄하게도 나사렛의 괴수인 예수의 무죄를 주장했을뿐 아니라 대제사장님을 회유하고 설득하는 이단 교리 유포 및 사기죄를 저질렀습니다.

이의 증인은 대제사장님의 보좌관 중 1인이 되겠습니다.

집행위원 두 명의 피의사실 적시가 끝나자 재판장인 대사제가 발언을 이어갔다.

"먼저 병행심리 죄에 관하여 차례로 증인들의 증언을 청취하도록 하겠소. 첫 번째 증인 나와서 증언하시오."

무덤을 경비했던 로마 병사가 첫 증언자로 나왔다.

증인1: "본인은 자랑스러운 카이사르 황제의 명을 받들어 충성을 다하는 로마제국의 병사로 사형수 예수를 장사를 지내는 전 과정을 동료 병사와 함께 목격했습니다. 당시에는 피고인 두 명이 누구인지를 파악하지 못했으나 나중에 이들이 산헤드린 공의회의 의원이라는 것을 알고 놀라워했습니다. 공의회에서 사형을 결의하여 예수의 사형이 전체 의원들의 일치된 사항

으로 알았는데 어떻게 공의회 의원이 사형수 장례에 저토록 적
극적일 수 있을까를 의아하게 생각했습니다. 저 왼쪽 의자에
앉아있는 사람이 총독님의 인장이 찍힌 승낙서를 받아와 저에
게 보여주었고 저는 이를 경비대장님께 보고드렸으며 대장님
은 그대로 진행하도록 명령하셨습니다. 대장님은 추호의 실수
없이 잘 경비할 것을 명하신 후 다른 대원들과 함께 돌아가셨
고 이후 경비의 모든 책임을 제가 맡아 일을 진행했습니다.

니고데모 의원이 준비해온...

여기까지 듣던 가야바가 손을 들어 제지하며 말했다.

가야바: 이 두 사람은 의원의 자격으로 이 자리에 앉아있는
것이 아니라 피고, 즉 죄인으로 앉아있는 것이오. 그러니 자연
인 호칭없이 자연인 니고데모와 요셉으로 호칭하기를 바라오."

증인1: 네, 잘 알겠습니다. 니고데모는 수하 사람을 시켜 방
부제를 준비해왔고 장의사를 데리고 왔으며 장의사는 시신을
닦은 후 방부처리를 했습니다. 그런다음, 요셉이 가져온 것으
로 보이는 고운 베로 장의사가 예수의 시신을 감쌌는데 그 작
업은 그리 오래 걸리지 않았습니다. 이후 그 시신을 들것에 실

어 네 사람이 무덤까지 이동하는 것, 그리고 무덤에 도착하여 안장하는 것 등 그 모든 것을 본인의 감독하에 진행했습니다. 경비병 두 사람만 남은 상황에서 혹시나 있을지 모르는 불미한 사태를 방지하기 위하여 무덤문을 큰 돌로 막은 후 본인의 이름을 돌에 칼로 새겨 아무도 저의 허락 없이 무덤을 열 수 없도록 하였습니다. 이 건과 관련, 첫째 날 본 병사가 근무하던 시간에는 시신 탈취의 어떤 징후도 발견하지 못했음을 증언합니다. 아울러 우리 두 병사는 밤을 새워 무덤을 경비했으며 일출이 조금 지난 시간에 교대자 한 명에게 이상 없음을 알렸고, 모든 일이 정리된 후여서 근무자가 한 명으로 정해졌다는 말을 듣고는 안심하며 골고타에서 내려왔습니다.

증인2: 본인 또한 명예로운 로마제국의 이스라엘 파견 병사로 명을 받아 사형수 예수의 무덤 경비를 사형집행 2일째 일출 시간부터 근무했습니다. 본인이 낮에는 아무런 상황이 발생하지 않았고 밤 근무할 시, 새벽녘 몰려오는 잠을 참지 못하여 무덤 앞 바위에 앉아 잠시 창검에 의지하여 졸았던 듯합니다. 무언가 웅성거리는 소리에 놀라 깨어보니 무덤문이 감쪽같이 열려있었는데 불을 비춰 무덤 안을 살펴보니 어떤 괴한들이 이미 예수의 시신을 훔쳐 간 직후였습니다. 하지만 무덤 주변을 서성거리던 두 청년을 붙잡았습니다. 현재 수감된 상태입니다.

증인3:(가야바가 수족처럼 부리는 대제사장 보좌관 중 한 명이 증언석에 섰다.) 본인은 존경하는 대제사장님의 현명하신 지휘하에 로마의 통치를 받고 있는 현 상황에서도 총독 각하와 유대를 강화하며 백성들의 안녕과 평화가 이어지고 있음에 늘 감사의 마음을 가지고 있습니다. 6일 전 사전연락도 없이 니고데모가 대제사장님과의 면담을 요구했고 아직은 그가 의원직을 유지하고 있던 터라 이를 즉시 보고한 후 대제사장님의 배려하심으로 면담이 성사되었습니다.

이 사람은 그간 공의회 때마다 하나님의 뜻이라면서 대제사장님의 의견과 대립을 일삼으며 공의회를 어지럽혔음을 모든 의원들이 알고 있습니다. 그날 이 사람은 나사렛 도당의 무죄를 주장하였으며 무엄하게도 대제사장님에게 그자의 부활을 인정하라고 강요했습니다. 아무 근거도 없는 허황한 주장을 대제사장님께서 받아들일 리 만무한데도 그처럼 무리한 요구를 했던 것입니다. 그때 마침 로마병사 한 명이 헐레벌떡 달려와 예수의 시신도난사고를 알렸습니다. 그럼에도 이 사람은 잘못을 인정하지 않고 분노로 가득한 얼굴로 모든 책임을 대제사장님께 돌리며 퇴장하였습니다. 우리 보좌관들은 이 사람의 발언 요지를 기록했고 그 기록에 의거하여 이 증언을 하는 바입니다.

가야바가 네 증인의 청취까지 들은 후 니고데모에게 최후진술의 기회를 주겠다며 발언할 것을 명령했다. 니고데모가 가야바를 한참 주시하다가 입을 열었다. "이 법정은 일방적으로 우리 두 사람을 죄인으로 몰아가기 위하여 거짓된 피의사실과 조작된 증인채택으로 진실을 밝히기에 매우 부적절합니다. 본인은 장례 이후 결코 그 자리에 간 적이 없음을 살아계신 하나님 앞에서 고백합니다. 본인이 이 자리에서 어떤 반론을 제기하더라도 미리 결론을 내려놓고 진행하는 본 재판에서 나의 의견 개진이 무의미하다 판단합니다.

다만 한 가지, 여러분이 빌라도와 협력해서 십자가에 못 받은 예수는 하나님이 보내신 그리스도이며, 그분은 사흘날에 부활하셨습니다."

그러자 가야바가 노한 음성으로

"다음, 요셉이 증언토록 하라. 그대의 의견은 어떤지를 청취하겠다."

요셉이 진술했다. "본인 역시 장례 이후 무덤에 접근하지 않았으며 다른 사항들은 니고데모 의원과 의견을 같이합니다. 예수는 하나님이 보내신 그리스도임을 확신합니다. 그분은 모든 사람의 속죄를 위해 당신의 몸을 버려 유월절 희생양이 되었습니다. 그리고 죽으신 지 사흘째 되는 날 새벽에 부활하셨습니다. 빈 무덤은 어떤 괴한이 탈취한 것이 아니라 예수께서 부활하셨기 때문에 비어있는 것입니다. 생명의 주관자이신 전능자 하나님께서 누구든지 예수 그리스도를 구원자로 믿고 받아들이면 하나님의 아들이 되는 은총의 대로를 여신 것입니다. 나는 이에 대한 확신을 가지고 말합니다."

가야바가 소리를 치며 말했다.

"그대들은 만군의 여호와께서 지켜보시는 가운데 엄격하게 율법에 따라 진행하는 본 법정에서조차 거짓된 주장을 하며 하나님을 모독했도다. 그대들의 죄가 하늘에 닿을 정도이거늘 뉘우치지 않고 둘이 입을 맞추어 거짓증언을 일삼았다. 좋다. 더이상 심리를 진행하는 것이 무의미하므로 한 시간 동안 휴정한 후에 선고를 위한 법정을 다시 열도록 하겠다."

가야바와 집행위원들이 퇴장했고 건장한 경비들 여럿이 두 사람에게 달려들어 포박했다. 니고데모가 큰소리로 "선고가 있기까지는 무죄추정을 받거늘 어찌하여 죄가 없는 우리를 포박하느냐!" 하지만 요셉은 이리저리 거칠게 흔들리면서도 아무 소리를 하지 않았다.

한 시간이 지난 후 가야바와 집행위원들이 입장했다.
"선고하겠다. 피고인 둘은 그 자리에서 일어서라. 피의사실에 따라 니고데모에게는 징역 45년에 처한다."
니고데모는 각오가 되었던 듯 의연한 표정으로 조용히 천장을 응시할 뿐이었다.
"공범 요셉에게는 징역 40년에 처한다. 이상."

그렇게 재판은 끝났다. 하지만 로마의 식민통치를 받고 있어서 형 집행의 권한은 의회에 없으므로 예루살렘의 분봉왕 헤롯의 심리와 승인을 받아야 한다. 또한 보다 중한 범죄일 때는 총독의 재가도 받아야 한다. 가야바는 배석자와 함께 퇴장해 버렸다. 건장한 체구의 경비병들이 니고데모와 요셉을 좌우 양쪽에서 팔을 붙들었다.

니고데모와 요셉은 법정에 딸린 구치소에 즉시 구금되었다.

경비가 문밖에서 지키고 있는 듯 발걸음 소리가 이따금 들렸다. 어떤 음식도 제공되지 않았다. 물 한 모금도 먹을 수 없었다.

그날 두 사람은 졸지에 죄수가 되어 같은 감방에서 첫 밤을 맞았다. 니고데모는 막상 재판이 신속하게 결정이 나자 몸은 부자유했지만 이상하게도 마음이 오히려 편안해짐을 느꼈다.

'사십오 년의 징역형이라, 감옥에서 삶을 마칠 수밖에 없군. 하지만 나는 하나님께 감사할 뿐이다. 의를 위해 살다가 핍박을 받고 있으니 오히려 영광일 뿐이다. 이것이 그리스도를 위해 받는 고난일진대 기쁨으로 감당해야지. 요셉의원이 잘 견뎌야 할 것인데...'

밤이 깊어가고 있었다. 온갖 생각이 주마등처럼 스치고 지나갔다. 요셉도 잠이 오지 않는 눈치였다. 니고데모는 일어나 앉아 기도했다. 무언가 하나님의 말씀이 계시면 좋으련만 허공을 쳐다보며 오랜 시간 묵상으로 기도했는데도 아무런 응답이 없었다.

두 사람은 다윗의 시 한 편을 암송했다.

"여호와는 나의 목자시니 내게 부족함이 없으리로다. 그가 나를 푸른 초장 쉴만한 물가로 인도하시니 죽음의 골짜기를 지날지라도 두려워하지 아니하리로다. 주의 지팡이와 막대기가 나를 안위하시니 원수의 목전에서 내게 상을 차려주시네."

구구절절 오늘의 상황에 꼭 들어맞는 말씀이었다. 니고데모가 기도했다.

"인류의 구원을 위해 선하신 섭리를 계속하시는 하나님!

오늘 저희가 부당한 재판을 받고 이렇게 갇혀 있습니다. 하지만 예수 그리스도의 고난을 생각할 때 의를 위하여 고생하는 것이 영광입니다. 사자의 발톱으로부터 다니엘을 구해주신 하나님이시며 사드락과 아벳느고와 메삭을 불 속에서 건져내신 하나님이시오니 저희의 결박됨을 하감하시어 하나님의 영광을 드러내 주시옵소서. 요셉 형제에게도 믿음의 담력을 더해 주시고 마음의 평화를 공급해 주시옵소서. 예수 그리스도의 이름을 의지하여 기도합니다. 아멘."

탈옥, 그리고 도피 생활

밤중이었다.

니고데모와 요셉이 피곤에 지쳐 개인 기도를 마친 후 잠을 청해야 하겠다 생각한 바로 그때였다. 갑자기 감방 안이 환해진다 싶더니 흰옷 입은 사람이 그들 앞에 나타나 말했다. "어서 일어나시오. 이곳을 빠져나갑시다." 니고데모는 헛것을 보는 것이 아닌가 하여 허벅지를 꼬집어 보았다. 아픈 것을 보니 분명 현실이었다. 어느새 포박이 풀어져 있었고 굳게 잠긴 문이 열려있었다. 흘깃 보니 문밖의 경비 둘은 잠에 취해 있었다.

두 사람은 하나님의 사자를 따라 아무런 제지를 받지 않고 관저 밖 거리로 나왔다. 주위는 모두 고요하여 아무런 움직임도 없었고 아무런 소리도 나지 않았다. 니고데모의 눈에 익숙한 삼거리에 이르렀을 때, 하나님의 사자는 사라졌다. 요셉의 집은 왼쪽이고, 니고데모의 집은 오른쪽에 있었다. 니고데모는 요셉의 손을 꼭 잡고 낮은 소리로 "주께서 눈동자처럼 지켜주시길 바라오. 나는 에베소로 가게 될 듯하오." 그리고는 헤어졌다. 그는 안주머니에서 대문 열쇠를 꺼내 손에 꼭 쥐었다. 집까지 가는 동안 다행히 아무도 만나지 않았다. 그는 능숙하게 대문을 따고 들어갔다. 잡히기 전 떠날 준비를 다 해놓았던 그대로 마굿간의 두 말은 말안장을 풀어놓은 채였고 마차가 마당한 쪽에 서 있었다. 그는 이어서 능숙하게 현관을 열고 집 안으로 들어갔다. 아내가 인기척을 느끼고 방에서 나와 남편을 보자 매우 놀라워했다.

"하나님께서 사자를 보내셔서 감옥을 탈출해 돌아오게 되었소, 떠납시다. 시간이 없소. 손에 잡히는대로 옷가지나 챙기도록 하시오. 나는 얼마 전 의원들에게 나누어준 비표를 챙기겠소. 그것이면 성문을 통과하는데 아무런 문제가 없을 것이오. 그냥 떠날 수는 없으니 관리인을 깨워 뒷일을 부탁합시다."

니고데모는 별채로 가서 문을 똑똑 두드렸다. "관리인이 현관문 옆의 창문을 조금 열어 니고데모인 줄을 알고 잠옷 바람에 황급히 문을 열고 나왔다.

니고데모가 입에 손을 갖다 대며 "쉿!" 하고 조용히 하도록

했다. 관리인이 나지막한 소리로

"늦어도 돌아오시지 않아 사모님과 함께 많이 걱정했었습니다."

"오늘 밤 엄청난 일이 있었다네. 요셉의원과 함께 부당한 재판을 받고 수감되었으나 하나님께서 사자를 보내어 이렇게 나올 수 있었다네. 시간이 없어 긴말은 못 하니 어서 말을 내오게.

한편 니고데모는 얼른 집 안으로 들어가 소가죽을 찾아내어 적당한 크기로 조각을 내었다. 조용히 이동하고자 말발굽에 신길 요량이었다.

니고데모의 아내가 보퉁이를 들고나왔고 관리인이 말 두 마리를 끌어다가 마차에 매었다. 관리인과 함께 말발굽에 가죽을 신기고 끈으로 꽁꽁 묶었다. 그믐이 임박해서 가까운 곳이나 형체가 보일 정도로 어두운 한밤중이었다. 니고데모와 그의 아내가 서둘러 마차에 올랐다. 관리인이 살그머니 대문을 열었고 니고데모는 작은 소리로 관리인에게 "뒷 일을 부탁하네. 이랴!" 하며 고삐로 말 엉덩이를 가볍게 쳤다. 관리인은 고개를 숙여 인사를 표했다.

연신 마차의 삐걱거리는 소리가 조금 들릴 뿐 발에 가죽을 씌워서 말발굽 소리는 나지 않았다. 성문을 어찌 통과하는가가 관건이었다. 그런데 웬일인가? 성문을 지키는 병사들이 기척 없이 졸고 있었다. 분명 하나님의 인도하심이었다. 비표를 보여줄 것도 없이 속도를 줄여 살그머니 통과했다. '하나님께서 그들의 눈꺼풀을 무겁게 해주셨구나!' 속으로 감사의 기도를 드렸다.

성을 나온 그들은 속도를 내었다.

'아직도 우리를 지키던 간수들은 꿈속이겠지. 우리의 기도를 들으시고 다니엘처럼 지켜주셨으니 하나님께 어찌 다 감사를 드릴까? 날이 새기 전 가능한 예루살렘에서 멀리 떨어진 곳으로 이동해야 한다.'

한기를 느끼는지 천으로 잔뜩 몸을 감싼 아내를 보며 니고데모가 말했다.

"오늘 우리를 구해주신 하나님을 찬양합시다. 저 악한 개들이 생명의 주님께 한 대로 우리를 해코지하려 했으나 하나님께서는 그들의 악한 꾀를 뒤엎으셨소. 다니엘의 하나님은 곧 우리의 하나님이오. 우리를 사자의 발톱에서 건지신 주께서 앞으로도 선하신 손길로 인도하실 것이오. 하나님만을 바라봅시다. 하나님만을 의지합시다."

니고데모의 아내가 "아멘이예요. 아멘이예요. 미더우신 하나님과 신실하신 당신이 함께하니 나는 괜찮아요. 염려하지 마세요."

얼마를 달렸을까? 동이 터오고 있었다.

로마로 향하는 길은 대로였다. 로마가 군사도로로 만든 곳이어서 마차를 모는 데는 최적의 환경이었다. 낯선 동네를 지나고 있었다. 북쪽으로, 북쪽으로 계속해서 달렸다. 이제는 안전하다 싶을 때 말도 쉬게 할 겸, 아침 요기도 할 겸 마차를 세웠다. 말에게 건초를 주고 길옆의 도랑물을 퍼서 주었다. 여러 시간 달렸으니 말도 힘들어하는 듯 보였다.

두 사람은 빵과 건포도, 건무화과로 요기를 했다. 니고데모는 어제 점심을 먹은 후 오랫동안 시장기를 참아온 터라 비상 식량이긴 하지만 매우 맛나게 음식을 들었다. 아내가 보퉁이 하나를 더 끌러 육포를 건네며 "고생하셨어요. 이 육포를 좀 씹으세요. 당신이 밖을 나가신 후 시장에 가서 육포를 좀 더 사 두었답니다."

"음식을 먹고 나니 긴장이 풀리는구려. 요셉의원이 무탈해야 하는데... 그 사람은 벌여 놓은 일들이 많아서 우리처럼 다 털고 나올 수 없는 상황이긴 하지만 그냥 집에 있다간 봉변을 당할 수밖에 없을 것이요. 내가 헤어지기 전 마지막으로 간청하다시피 우선 소나기를 피하라고 했소. 하나님께서 천사를 보내셔서 우리를 옥으로부터 구출해 주셨는데 다시 붙들려 들어간다면 하나님의 선의가 무산되는 것 아니겠소. 내 생각에 그도 몸을 피할 방도를 강구했을 것이라 보오. 우리처럼 아예 먼 나라도 피하는 것이 아니라 시골 어디 은밀한 곳에 한동안 숨어 지낼 수 있다면 좋겠지요. 요셉의원은 해외 경험도 많이 있고 평소 로마에서 사업을 벌이는 것을 구상하기도 했었소. 나 같은 학자와는 아주 다른 사업가적인 기질이 많은 사람이었소. 우리 하나님께서 선히 인도해 주시기를 바라는 마음 간절하오. 이제 좀 쉬었으니 다시 출발합시다."

니고데모는 다시 말고삐를 당겼다. 에베소를 향해 말을 몰면서 그는 아찔했던 탈옥의 순간들을 떠올렸다. 아울러 예수님의 고난과 장례를 전후한 요한 사도와의 담론과 교제가 얼마나 중요했던 가를 떠올렸다.

하나님께서 자신을 믿음의 길로 인도하셔서 예수께서 이 땅에 오신 그리스도라는 사실에 대한 확신을 가질 수 있게 된 것, 짧은 시간이었지만 그분을 직접 만나 뵙고 가르침을 받을 수 있었던 것이 너무 소중하게 여겨졌다. 그분께서 "바람은 제가 불고 싶은 대로 분다. 성령으로 난 사람도 그와 같다." 말씀하셨을 때 오랫동안 그 말씀의 의미를 알 수 없었다. 어느 날 요한 사도의 편지를 감동적으로 읽으며 문득 그 의미가 깨달아져 왔다. 순간이었다.

'아! 참된 자유, 자유로운 바람은 그리스도이신 예수님과의 참된 관계를 맺어 하나님의 자녀가 된 사람들이 누리는 진정한 자유에 대한 것이로구나. 바람처럼 아무것에도 매이지 않고 세상의 그 어떤 권력도 해칠 수 없는 자유, 세상 사람들은 세상에 매어 자신이 어디서 와서 어디로 가는지를 모르지만 성령으로 새로워진 사람들은 그것을 안다는 것이다. 그리스도 안에서 누리는 자유는 세상의 일시적인 해방감이나 만족감과는 차원이 다른 것이었다. 전능하신 하나님 안에서 누리는 자유, 예수 그리스도를 통해 성령 안에서 누리는 자유를 의미하는 것이었다. 아울러 그 자유는 율법의 여러 제약에서 벗어나 하나님과 그리스도 안에서 누리는 자유였다.'

니고데모는 자유에 대한 깨달음을 얻은 그날 밤, 너무나 큰 기쁨을 경험했다. 그 기쁨은 이제까지 맛보지 못했던 차원의 기쁨이었다. 그때만큼은 하나님 권능의 팔로 자신을 안으시는 엄청난 위로와 평화가 온몸을 감싸고 있음을 강하게 느꼈다. 하나님의 임재가 가득 느껴져 진정 하나님께서 자신을 사랑하시고 자신과 함께하신다는 것이 확신되었다. 그런 경험이 있은 후 오랫동안 찾아 헤매던 여러 의문들이 예수 그리스도라는 분을 통해서 매듭이 풀어지듯 하나하나 해소되었다. 그 모든 것이 정녕 하나님의 인도하심이었다 생각하지 않을 수 없었다.

그들은 에베소로 가는 중간중간 소읍을 지나치게 되어 여관에서 묵을 수 있었다. 그들은 그때마다 필요한 물품들을 보충했다. 사흘을 달린 후에는 말을 위해 하루를 푹 쉬어주었다. 쉬는 동안 니고데모는 세심하게 마차의 상태를 살폈고 못을 쥐야 할 곳, 나사를 조일 곳 등을 점검했다. 말 한 마리의 편자가 부실해 보여 새것으로 갈아주었다. 이들은 예루살렘을 떠난 지 7일째 되는 날 점심 무렵 중간 기착지로 정한 안디옥에 도착할 수 있었다. 앞으로 에베소까지는 온 것의 두 배 거리를 더 가야 했다.

하지만 니고데모는 계획을 변경하기로 했다. 계속해서 육로로 가는 것이 말에게 큰 무리가 되는 것이었다. 그래서 말과 마차를 적당한 값을 받고 팔기로 결심하였다. 다행히 안디옥까지 오는 동안 말이 잘 걸어 주었고 마차도 큰 고장 없이 올 수 있었다. 하지만 앞으로 계속해서 마차로 이동을 강행하다가는 말도, 마차도 장담할 수 없는 것이었다. 니고데모 부부도 덜컹거리며 한 이레를 왔더니 매우 피곤한 상태가 되었다. 객지에서 병이라도 났다가는 큰일이란 생각에 안디옥에서 이틀을 묵기로 했다.

여관에서 묵는 동안 니고데모는 아내와 많은 대화를 나누었다. 무엇보다 예수님에 대한 생각의 방향이 같아야 하겠기에 복음에 대하여 많이 나누었다.

"여보! 예수님이 사흘째 되는 날 새벽에 선지자들의 예언대로 부활한 것도 기적이지만 우리가 저 악한 자들의 손에 넘겨지지 않고 그들의 손아귀에서 벗어나게 된 것도 놀라운 기적이오. 내가 무도한 자들에게 45년 징역형을 선고받았는데 하나님께서 살려내신 것은 특별한 뜻이 있다 생각이 되오."

니고데모의 아내가 말을 받았다.

"저도 그래요. 생각만해도 끔찍하지 뭐에요? 이제 우리는 안전지대로 들어왔다 생각해요. 저네들이 우리가 어디로 간지를 어떻게 알아서 추적하겠어요? 며칠 수소문을 하며 소동을 벌였겠지요. 집을 지키던 집사 내외가 많이 시달렸을 거예요. 하지만 그도 우리의 가는 방향을 알지 못하니 아무리 닦달을 해도 헛수고일뿐이지요. 지금쯤 아마 우리 찾는 걸 포기했을 거예요. 우리가 졸지에 나오면서 관리인 부부에게 부탁을 하고 왔지만 당장은 그 곳에 대한 미련을 버리고 마음 편하게 갖는 것이 좋을 것 같아요."

니고데모가 결심한 듯 비장한 표정으로 입을 열었다.

"여보, 당신이 이처럼 잘 이해해 주고, 늘 내 뜻에 따라 주니 고마울 따름이요. 그래서 말인데 거추장스럽게 마차를 가지고 다니는 것이 남의 눈에 더 노출이 되고 해서 마차를 처분하는 것이 좋겠다 싶소. 짐을 줄이고 고생스럽긴 하지만 지고 들고 하면서 그때그때 필요한 양식들을 보충하는 것으로 합시다."

그의 아내는 모든 것을 당신 뜻에 맡기겠다며 동의해 주었다.

니고데모는 수소문 끝에 적당한 임자를 만나 말 두 마리와 마차를 처분했다. 괜찮은 가격이었다. 외지에서 현금이 필요했으므로 그것을 보태니 부자가 된 느낌이었다. 챙겨 온 비상금과 합치니 이후 이태 이상 견딜 수 있는 정도가 되었다. 그들은 대신 시장을 돌아다닌 끝에 커다란 가방 둘을 샀다. 거기에다 옷가지며 비상식량을 담아 좀 작은 것은 들고 큰 것은 등에

질 요량이었다. 말은 살아있는 생물이어서 늘 먹이를 신경써야
하는 등 해야 할 것이 많고 마차 또한 수시로 점검을 해야만
하는 것이었다. 그것들을 처분하고 나니 아주 홀가분해진 느낌
이었다. 아직 힘이 있어 부부가 여러 시간 걸을 수 있으니 걷
기도 하고 삯을 주고 마차를 이용할 수 있는 것이었다.

말의 새 임자에게는 실려있는 짐을 셀루기아 항구 선착장까
지 옮겨주는 조건을 달았다. 셀루기아에서 에베소로 가는 배를
잡아타고 뱃길로 가면 약 열흘 후면 도착할 수 있겠다 싶었다.
이 여정은 니고데모가 헬라학당 시절 몇 번 이용한 적이 있어
서 선가며 선박의 운행 주기 등을 알고 있었다. 하지만 세월이
많이 지났으므로 말 주인에게 상의를 해보니 필요한 여러 정보
들을 얻을 수 있었다.

에베소에서의 생활

　그들은 셀루기아 항구에 잘 도착했고, 그곳에서 하루를 묵은 이후 에베소 가는 배를 만나 선가를 주고 배를 탈 수 있었다. 배는 중간 중간 작은 항구에 정박하면서 순항했고 셀루기아를 떠난지 열 하루째 되는 날 에베소에 도착했다. 에베소는 십오 년 전, 이 년 동안 헬라학당에 다니면서 지리를 소상히 알고 있는 니고데모였다. 그때 헬라어를 비롯한 철학과 수리학을 공부했는데 당시 알게 된 유대 친구들, 헬라 친구들, 그리고 에베소 친구들이 여럿 있었다. 니고데모는 낯익은 에베소 북쪽 헬라 학당이 있던 지역에 셋집을 구했다. 집주인이 헬라 말을 잘해서 의사소통이 잘 되기에 더 생각할 것 없이 그 집으로 정했다.

　에베소는 항구도시로 무역과 상업이 발달한 소아시아의 중요한 대표적 도시였다. 당시 로마의 지배를 당하기 전엔 오랫동안 그리스의 식민통치를 받았다. 그래서 헬라인들이 많이 이주해서 살았고 헬라의 문화와 언어가 한 축을 이루고 있었다.

우상숭배가 성행했는데 특히 아르데미스 여신(로마신화의 다이애나 여신과 동일시)의 신전을 거대하게 만들고 많은 에베소인들이 이 우상을 섬겼다. 에베소가 오랫동안 그리스의 식민지였던 때문에 고대 그리스신화에 따라 만들어진 신전이었다.

니고데모는 젊은 시절 그리스(헬라와 동일)의 발달한 철학과 수사학에 흥미를 느껴 에베소에 소재한 아테네 학당에서 공부했는데 에베소의 헬라 학당은 아테네에 본교를 두고 있는 지역 분교인 셈이었다.

니고데모는 방학기간 중에 친구를 따라 아테네에 한 달간 머무른 적이 있었다. 그때 친구와 함께 아크로폴리스에 있는 파르테논신전, 제우스신전 등을 구경하기도 했다. 거기에는 각종 신상들이 매우 많았다. 율법에서는 철저하게 우상숭배를 금하고 있는데 그리스라는 나라는 우상숭배로 뒤덮인 도시였다.

니고데모는 당시 낯선 문화를 맞닥뜨리면서 매우 격분하였다. '도대체 사람이 꾸며낸 신화를 사실인 것처럼 믿으며 말하지도, 듣지도 못하는 우상들 앞에 머리를 조아리다니... 이 사람들이 고상하다는 철학을 추구하고 세련되다는 수사학을 고급한 학문으로 떠받들면서 어찌 이처럼 우매한 행위를 할 수 있을까? 그 대단하다는 철학자들은 어째서 이런 현상들을 그냥 보고만 있는 것일까? 오직 하나님만이 전능하신 창조주이시고 인간의 생사화복을 주장하시는 분인데, 그분께서 가장 가증스럽게 여기는 우상숭배를 어찌 이리 집단적으로 온 나라가 숭배할 수 있을까?'

각종 대리석으로 만든 우상들은 너무나 정교해서 마치 실물을 보는 것 같았다. 다른 나라의 것들과는 그 정교함과 사실감에서 엄청난 차이가 있었다. 니고데모는 이토록 거대하게, 이처럼 실감나게 조각상을 만들 수 있었던 배경에 무엇이 있다 싶어 탐문해 보았다.

친구를 시켜 알아보니 이들은 신상 조각을 만드는 것을 국가적인 차원에서 정책적으로 육성하고 있었다. 인체 조각을 전문적으로 공부하는 미술학교가 있었고 그 학교에는 복잡한 선발 과정을 거치는 등 치열한 경쟁구도로 되어 있었다. 수업료는 매우 저렴했고 수강자들에게 주어지는 각종 혜택들이 있어서 국가에서 이들을 육성하는 구조였다.

그러한 이유는 고위당국자들, 지도자들이 각 신화를 사실인 것처럼 믿고 있어서 제우스 헤르메스 아르데미스 등 각 신을 섬기는 것이 그들에게 매우 중요하게 여겨졌기 때문이었다. 그네들은 신전건축과 신상 제작에 드는 엄청난 비용을 전혀 아까워하지 않았고 다른 예산에 우선해서 배정하고 있었다. 물론 그런 일을 수행하는 조각가, 건축가들은 나라에서 좋은 대우를 해 주어서 일단 어느 지위에 오르면 보수가 좋아서 많은 이들이 선망하는 직업이었다. 이들 조각가들의 솜씨가 워낙 뛰어나다 보니 로마의 많은 젊은 이들이 아테네로 와서 공부하는 실정이었다.

니고데모는 처음 그런 우상들을 보며 매우 분개했지만 일상적으로 그런 것들을 대하다 보니 익숙해졌고 더 이상 신경이 가지 않았다. 그러기에는 방학 중에도 수업과제들이 너무 벅찼던 것이다. 소크라테스, 아리스토텔레스 등의 난해한 철학서적들을 도서관에서 밤늦게까지 읽으며 과제물을 준비해야 했고 수사학 또한 매우 난해해서 초기엔 진도를 따라잡지를 못해 매우 힘들어했다. 하지만 헬라어에 익숙해지면서 수학한 지 일년여가 지나자 그런 어려움들은 많이 해소되었다. 그는 그렇게 에베소로 유학을 와서 이 년간의 헬라학당 과정을 무사히 마칠 수 있었다.

니고데모는 당시 동료 학생들과 치열하게 경쟁하는 과정을 거치면서도 그네들의 문화에 스며들지 않겠다고 수없이 다짐하고 다짐하였다. 목표를 이루기 위하여 어쩔 수 없이 거치는 과정일 뿐 유일하신 하나님 신앙에 있어서 어떤 양보나 타협이 없어야 한다는 것을 늘 되새김하고 있었다.

예루살렘과는 멀리 떨어진 에베소이지만 마음이 통하는 두 명의 친구와는 서신을 통해 이따금 소식을 주고받고 있었다. 그래서 다른 친구들의 소식과 함께 에베소의 상황들을 대략 알고 있었다.

니고데모는 에베소에 도착한 다음 날 에베소 토박이 세루기아의 집을 찾아보았다. 이사를 갔다 하였으나 집주인이 그가 어디로 갔는지를 알려주어 어렵지 않게 만날 수 있었다. 그 친구는 모습이 많이 달라 있었다. 함께 공부하던 시절엔 사십 초반이었는데 이제는 머리가 희끗희끗한 오십대 중반을 훌쩍 넘기고 있었다. 역시 학구파여서 졸업 후에도 공부에 정진하여 자신도 학당을 세우고 제자들을 이십여 명 가르치고 있다 했다.

그 친구가 당시의 친구들 소식을 많이 알려주었다. 가까운 곳에 유대사람 아비못이 살고 있다 했고, 헬라 친구 두어 명의 소식도 알려주었다. 세루기아는 오랫만에 옛 학우를 만났으니 자신의 학당에서 친구들과 한번 만나자 제안하였다. 이틀 후 다섯이 한자리에 모였다. 다른 친구들은 자기네들끼리 종종 만나기에 궁금한 것이 없었고 니고데모에 대한 궁금증으로 이것저것 물어보았다. 니고데모가 입을 열었다.

"나 또한 예루살렘에서 학당을 열어 젊은이들에게 우리 조상들의 율법을 가르치고 아울러 로마와 헬라어를 가르치는 선생 노릇을 해 왔다네. 이제 육십을 바라보고 있잖은가. 나이도 있고 해서 조용히 살려고... 생활을 바꿔보려 했다네. 어디 공부가 책 속에서만 되겠나. 이렇게 유람하며 인생을 공부하는 것이 진짜 공부 아니겠나? 오늘 오랜만에 친구들을 만나니 너무 반갑군. 정말 반가워."

니고데모의 친구들은 모두 하나님 신앙에 대하여 우호적인 사람들이었다. 니고데모의 주장도 만만치 않아서 과거 유학시절에 신앙 문제로 이따금 심도 있는 논란이 벌어지곤 했었는데 그의 친구들은 그런 니고데모를 싫어하지 않았다. 니고데모의 믿음과 지식, 합리적인 설명을 점차 수긍해 주었고 그래서 친구가 된 사람들이었다.

니고데모는 헬라의 철학에 대해서도 많은 관심을 가지고 있었고 그네들과 토론하기를 즐겨하였다. 이를테면 그네들이 파고드는 중심주제인 존재의 근원 같은 문제에 이르러서는 격론이 벌어지곤 하였다. 헬라 철학에서는 존재의 근원에 대한 다양한 가설들이 있었고 그 근원이 물, 불, 공기, 수의 조합, 무한자 등으로 나눠지는 등 다양한 견해들을 가지고 있었다.

음식이 나왔고 천천히 식사하면서 학구파들답게 담론에 들어갔다. 철학, 종교, 문화, 정치 등 분야에 아무 제한이 없었다.

헬라친구 제미투스가 "니고데모, 그래, 앞으로 이 좋은 도시 에베소에서 무얼 하고 지낼 작정인가? 설마 학당을 열어 여기 세루기아의 밥그릇을 축내지는 않겠지?" 농담 반 진담 반으로 웃으며 말했다.

"고민 중이야, 자네들이 도와주어야지."

제미투스가 다시 말했다.

"예전, 우리가 여러 문제들에 관해 열띤 토론을 하곤 했지. 그때 니고데모의 열정은 대단했어. 하나님만이 존재의 근원이고 역사의 중요시점마다 하나님이 직접 개입하셔서 역사를 이끌어갔다는 거 말이야. 그때 우리는 사실 헬라철학을 공부하면서 혼란에 빠져있었지. 다양한 철학의 줄기들이 있기는 하지만 인간의 유한성과 같은 궁극적인 문제에 있어서는 벽에 부딪혀 전전긍긍했었지."

옆의 한 친구가 그 말을 거들었다.

"그래. 니고데모의 확신에 찬 논지에 우린 사실 주눅들어 했어. 우리가 말하는 무한자, 절대자인 하나님을 직접 역사 속에서 체험한 이스라엘 사람의 확신을 누가 말릴 수 있겠어?

관념론, 유물론 합리론, 일원론, 다원론에 이어 그 모든 것을 근본부터 따지는 회의론 등 우리 중 니고데모처럼 확신을 가지고 말할 수 있는 사람은 아무도 없었던 거야."

식탁 모서리쯤에 자리를 잡고 앉아 묵묵히 음식만 들던 디오누스라는 친구가 작심한 듯 대화에 끼어들었다.

"그런데 말이야. 이스라엘 사람들은 독선적인 데가 있는게 흠이야. 자기네 민족만 선민이고 다른 나라 사람들은 하나님과 아무 관계가 없다고 하니..."

그날은 그 정도로 담론을 끝냈고 다들 니고데모를 환영하는 가벼운 모임이 되었다. 헤어지면서 니고데모가 친구들에게 답례하는 의미에서 이레 후 자기 숙소에서 저녁 식사를 대접하기로 했다.

집으로 돌아온 니고데모는 요한과 대화 중에 나눴던 성령을 많이 생각했다. 예수께서 하늘의 선물을 각자에게 주실 것이라 하셨다는데... 나도 그 선물을 받을 수 있을까? 또한 부활하신 예수님은 그 후 갈릴리에서 제자들을 예정대로 만나셨을까? 예수님의 열두 제자들은 어찌 지내고 있을까? 우리 두 사람을 놓친 가야바와 그 일당들은 얼마나 노발대발했을까?' 등등을 생각하니 다시금 하나님께 대한 감사가 끓어올랐다.

'요셉 형제는 어찌 되었을까? 그가 재력가여서 다 두고 떠나는 것이 쉽지는 않았을텐데... 하지만 그의 꿈은 원대했어. 그는 넓은 세계를 알고 싶어했지. 특히 로마엘 가고 싶다며 보다 발전된 로마의 정치 사회 문화, 학문 등 폭넓게 관심을 갖고 있었지. 좋은 벗이었는데 이제는 만날 수 없을지도 모른다. 우릴 인도하신 하나님께서 요셉과 그 가정도 선히 인도하실거야.'

니고데모의 성령충만과 복음증거

그는 다음날 안식일 아침이었지만 회당에 갈 수 없었다. 유대인 사회에 자신의 사연이 알려지면 일이 어찌 꼬일지 알 수 없는 노릇이었다. 그래서 당분간 자중하면서 집에서 하나님을 예배하기로 결정한 터였다. 아침 식사를 한 후 안식일 전날이었으므로 예배의 시간을 더 가져야겠다 마음먹고 아내와 함께 시편을 낭송했다. 그런 후에는 이어 선지서를 한참 읽었다. 니고데모가 가지고 온 성경은 시편과 이사야서가 전부였다. 이사야서 두루마리를 한참 펴서 중간을 더 넘어간 지점이었다.

"보라, 하나님은 나의 구원이시라,
　내가 신뢰하고 두려움이 없으리니
　주 여호와는 나의 힘이시며

나의 노래시며 나의 구원이심이라.

그러므로 너희가 기쁨으로

구원의 우물들에서 물을 길으리로다.

그날에 너희가 또 말하기를 여호와께 감사하라.

그의 이름을 부르며

그의 행하심을 만국 중에 선포하며

그의 이름이 높다하라.

여호와를 찬송할 것은 극히 아름다운 일을 하셨음이니

이를 온 땅에 알게 할지어다.”

‘여기 그날은 어떤 날일까? 그때에 극히 아름다운 일을 하셨
다는데 그것이 무엇일까? 하나님께서 보내신 예수 그리스도께
서 십자가에 못 박혀 돌아가시고 무덤에 묻히셨다가 사흘날에
부활하신 것을 이르시는 것이 아닐까? 그것이야말로 기이한 일
이며 극히 아름다운 일을 이루신 것이 아닌가? 그의 일하신 것
을 만국 중에 선포하라 하셨는데… 그리하여 온 땅이 그 아름
다운 일을 알도록 전파하라 하셨는데… 그것이 구원의 우물물
에서 기쁨으로 물을 긷는 것 아니겠는가?

물을 긷는다? 연관되는 것이 있다. 그것은 사도 요한이 말한

성령의 생수와도 관련이 있지 않을까? 이제까지 하나님은 이스라엘만의 하나님만으로 알았다. 이방인은 율법도 없고 구원도 없어 아무런 소망이 없는 것으로만 알고 있었다. 그런데 세계 만국 모든 백성에게 여호와의 행사, 곧 예수 그리스도의 그 업적을 알린다면... 그렇다면 모든 민족의 구원이 길이 열리는 것 아니겠는가.'

생각이 여기까지 미쳤고 니고데모는 이것을 아내에게 설명해 주었다. 그러고 나서 니고데모는 다시금 감사의 기도를 드렸다. 약속하신 성령의 은혜를 부어주시기를 간구했다.

그때였다. 두 사람의 마음이 뜨거워지면서 눈물이 쏟아지기 시작했고 마음뿐 아니라 몸도 뜨거워졌다. 그러면서 갑자기 혀가 뻑뻑한 기계에 기름친 듯 부드럽게 돌아가더니 자신도 알 수 없는 말이 나왔다. 분별이 왔다. '아, 우리에게 성령께서 오셨구나. 성령께서 나의 둔한 입술을 주장하시어 신령한 기도를 대신 드려주시는구나. 이것이 예수님께서 믿는 자들에게 그토록 주시기를 원하셨던 성령의 한 징표로구나. 지금 나는 신령하게 나의 영혼이 하나님을 찬양하고 감사하고 있구나.'

기쁨이 가득 몰려왔고 알 수 없는 평화가 임하였다. 그렇게 한참을 감동의 도가니에서 눈물 콧물을 흘리며 기도를 했고 이

어 찬양을 했다. 그 찬양은 이내 알 수 없는 신비한 언어의 찬
양이 되었다. 그날은 이스라엘력으로 오순절 아침이었다. 니고
데모는 시간이 한참 지난 후에야 예루살렘에서 온 어떤 그리스
도인의 이야기를 듣고 매우 놀라워했다. 니고데모 부부가 성령
을 받던 같은 날인 오순절날 아침, 예루살렘에서도 모두에게
눈에 보이는 표적으로 성령께서 오셨다는 것을 알게 되었다.
신비하기 이를 데 없었다.

그날 이후 니고데모도 그의 아내도 변한 것이 많았다. 성경
을 읽는 것이 너무 꿀맛이었고 기도하는 시간 또한 매우 좋았
다. 그래서 기도하고 또 기도했으며 성경도 자꾸 읽었다. 이럴
줄 알았으면 무리를 해서라도 집에 있는 두루마리 필사본을 다
가져왔어야 했다는 아쉬움이 많았다.

그들 부부는 자신들의 기도가 곧장 하나님께로 상달되고 있
다는 것을 느꼈다. 또한 시편과 선지서의 글 중 어떤 구절들은
니고데모 개인에게 주시는 감동과 확신으로 다가오기도 하였
다. 그런 체험이 있고 난 뒤에는 길을 걸으며 만나는 사람들이
매우 매우 사랑스럽게 보였다. 신기한 변화는 또 있었다. 길가
와 숲속의 나무들이 바람에 일렁이며 팔랑거리는 것이 하나님
께 찬양을 올려드리는 것처럼 보였고 손뼉을 치는 것 같았다.

하늘을 올려다보면 구름의 형상들이 예수님의 모습으로 연상되어 보였다. 그 하늘들도 그냥 푸른 공간이 아니라 하나님 임재의 공간으로 느껴졌다.

그리고 하나님의 아들이신 예수께서 오셨을 뿐 아니라 우리를 위해 죽고 부활하셨다는 것, 그분을 나의 주님으로 믿으면 누구나 죄를 용서받고 하나님의 자녀가 된다는 것. 이 복음을 사람들에게 전하고 싶어졌다. 이전엔 학구적으로 더 깊이 파고 들어가려는 성향이 강했는데 그보다는 단순하더라도 확실하게 믿고 기쁨과 감사의 생활을 하는 것에 강조점을 갖게 되었다.

그래서 다음 안식일에는 아내와 함께 유대인들이 모이는 회당을 가기로 큰 마음을 먹었다. 신분이 노출될 위험성이 있지만 자신 안에 끓어오르는 복음의 열정 때문에 잠자코 있을 수가 없었다. 아내가 몹시 걱정되는 듯 주의를 환기시켜 주었다.

"여보! 저 역시 성령님의 임재를 경험하고 난 후 너무 기쁘고 감사하여 하나님을 위해, 주 예수 그리스도의 복음을 위해 무언가를 해야겠다는 마음이 자꾸 올라와요. 그런데 나는 당신이 직접 말로 전도하는 것보다 학자에 걸맞게 당신의 해박한 지식과 통찰력으로 글을 써서 복음을 전하는 것이 어떨까 생각해요. 우리가 예수님을 죽인 자들을 피해 이 먼 곳까지 도피하여 왔는데 여기서조차 어려움을 당하면 어떻게 해요?"

니고데모가 아내를 안심시키며 타이르듯 말했다.

"여보, 걱정하지 말구려. 아무려면 내가 분별없이 행동하겠소? 나는 나에게 주신 이 혀를 움직여 복음을 말하되 예의와 품격을 잃지 않도록 할 것이오. 이스라엘 땅을 떠나 먼 이국에서 타향살이하는 이들에게 하나님의 위로와 하나님이 주시는 소망을 동포들과 나누고 싶소. 그래서 생각한 것인데 나는 이 에베소에서 니고데모의 이름을 버리고 벤구리온이란 이름으로 살기로 했소. 지난번 친구들과의 모임 때, 앞으로 나를 벤구리온이라 부르도록 부탁했소이다."

이윽고 안식일이 되었다. 두 사람은 꽤 멀리 떨어진 구역의 한 허름한 건물 안으로 들어갔다. 회당장 외에 아직 아무도 오지 않은 이른 시간이었다. 그들 부부가 자리를 잡고 앉았을 때 회당장이 다가와 말을 건넸다.

"샬롬! 처음 뵙는 분인데 어디서 오셨소?"

니고데모가 대답했다.

"벤구리온이라 합니다. 예루살렘에서 두 달 전 이곳에 왔습니다." 시간이 지나니 사람들이 하나 둘 들어오기 시작하여 회당에 보기좋게 찼다. 일찍 온 사람들은 벽에 기대어 앉았고 나중에 온 사람들은 가운데 자리를 잡고 앉았다. 시편 낭송에 이어 창세기의 한 부분을 회당장이 읽은 후 수염을 길게 기르고 나이가 지긋해 보이는 한 사람을 가리키며 한 말씀해 주실 것을 청하자 되풀이 말한 적이 있는 듯 유창하게 강론을 했다. 그는 랍비였다. 요지는 모리아산에서 아브람이 백 세에 얻은 아들 이삭을 제물로 바치는 내용이었는데 새로운 것도, 자신의 언어라 할 만한 것이 하나 없어 참석자들 중 태반이 졸았다.

랍비의 발언이 끝난 후 회당장이 새로운 분을 소개하겠다며 벤구리온 부부를 지목해 잠시 일어서서 자기소개를 요청했다.

"반갑습니다.

저는 예루살렘에서 두 달 전 이곳에 온 벤구리온이라 합니다. 이곳에서 신실하신 동포들을 만나니 참으로 감동적입니다. 조금 전 랍비께서 하신 말씀을 잘 들었는데 그와 관련해서 한 말씀 드려도 괜찮을까요? 회당장을 쳐다보니 고개를 끄떡이며 허락해 주었다.

동포여러분!

하나님께서 아브라함에게 이삭 대신 어린 양을 제물로 마련

해 주셨는데 이사야 선지서에 우리가 고대하는 메시아도 그같을 것임이 예언되어 있습니다. 제가 암송해 두었는데 여러분들에게 들려 드리겠습니다.

우리가 전한 것을 누가 믿었느냐,
여호와의 팔이 누구에게 나타났느냐.
그는 주 앞에서 자라나기를 연한 순 같고,
마른 땅에서 나온 뿌리 같아서 고운 모양도 없고, 풍채도 없은
즉 우리가 보기에 흠모할 만한 아름다운 것이 없도다.
그는 멸시를 받아 사람들에게 버림받았으며
간고를 많이 겪었으며 질고를 아는 자라.
마치 사람들이 그에게서 얼굴을 가리는 것 같이 멸시를 당하였
고 우리도 그를 귀히 여기지 아니하였도다.
그는 실로 우리의 질고를 지고 우리의 슬픔을 당하였거늘
우리는 생각하기를 그는 징벌을 받아 하나님께 맞으며
고난을 당한다 하였노라.
그가 찔림은 우리의 허물 때문이요
그가 상함은 우리의 죄악 때문이라.
그가 징계를 받으므로 우리는 평화를 누리고

그가 채찍에 맞으므로 우리는 나음을 받았도다.

그가 곤욕을 당하여 괴로울 때에도

그의 입을 열지 아니하였음이여.

마치 도수장(도살장)으로 끌려가는 어린 양과

털 깎는 자 앞에서 잠잠한 양 같이

그의 입을 열지 아니하였도다.

그는 곤욕과 심문을 당하고 끌려갔으나

그 세대 중에 누가 생각하기를

그가 살아 있는 자들의 땅에서 끊어짐은

마땅히 형벌 받을 내 백성의 허물 때문이라 하였으리요.

그는 강포를 행하지 아니하였고

그의 입에 거짓이 없었으나 그의 무덤이 악인들과 함께 있었으

며 그가 죽은 후에 부자와 함께 있었도다.

여호와께서 그에게 상함을 받게 하시기를 원하사

질고를 당하게 하셨던 즉

그의 영혼을 속건제물로 드리기에 이르면

그가 씨를 보게 되며 그의 날은 길 것이요.

또 그의 손으로 여호와께서 기뻐하시는 뜻을 성취하리로다.

그런데 고난받는 메시아에게 반전이 일어납니다. 제가 읊은 마지막 절, 그가 자신을 제물로 드린 후 그의 날이 길 것이고 그의 손으로 여호와의 뜻을 성취한다 하였습니다.

그같은 일이 두 달 전 예루살렘에서 일어났습니다. 소경을 보게 하고 귀머거리를 듣게 하며 앉은뱅이를 일으킬 뿐 아니라 죽었던 회당장 야이로의 딸과 나사로라는 청년과 그 외 또 한 청년을 살렸습니다. 그러나 그는 잡혔고 유월절에 억울하게 누명을 쓰고 어린양처럼 죽었습니다. 그런데 놀랍게도 그는 사흘 만에 살아나서 여러 사람들 앞에 나타났습니다. 저는 그 모든 것의 증인으로 여러분들에게 이 사실을 증언합니다. 선지자 이사야를 통해서 예언된 것이 그대로 우리 이스라엘에 일어난 것입니다."

사람들이 그 말을 듣고 놀라 웅성거렸다. 회당장이 손짓으로 조용히 하라며 말했다.

"오늘 벤구리온씨가 놀라운 말씀을 해 주셨습니다. 오늘은 시간이 많이 갔으니 다음번에 그와 관련하여 다시 한번 말씀해 주십시오."

벤구리온이 회당을 나서는데 몇 사람이 잘 들었다며 큰 관심을 보였다. 벤구리온은 그들에게 자신의 집 위치를 알려주며 언제라도 오면 대화를 할 수 있다 말해주었다.

며칠이 지난 후 남녀 네 명이 벤구리온을 찾아왔고 그는 성경을 풀어 예수가 그리스도인 것을 힘있게 전했다. 말씀을 다 전 한 후 마지막으로 성령에 대하여 소개했다.

"여러분!

예수 그리스도를 나의 주님으로 모신 사람들에게 주님이 약속하신 것이 있습니다. 곧 주께서 각자에게 성령을 주신다는 것입니다."

그 말을 한 후 벤구리온은 성령의 임재를 간청드리며 방언으로 기도하기 시작했다. 그의 아내도 함께 응원하듯 방언을 사용하여 기도했다. 벤구리온이 "여러분도 성령의 은혜가 임하게 해 달라는 기도를 하세요. 무엇이든지 예수 그리스도의 이름으로 구하는 자에게 가장 좋은 것 곧 성령을 선물로 주신다 했습니다."

그렇게 말한 후 기도할 때 성령이 참석자 모두에게 임하여 각각 방언으로 말하기 시작하였다. 어떤 사람은 방언으로 신령한 노래를 부르기도 하였다. 한동안 소란하던 장내가 조용해졌다.

벤구리온이 "오늘 우리에게 성령께서 오셨습니다. 여러분들의 입으로 이상한 언어를 말씀하신 것은 성령께서 주신 언어입니다. 하나님과 우리 각자의 영이 자유롭게 소통하라고 주신 선물입니다. 그 언어를 그치지 말고 자주 사용하세요. 홀로 기도할 때 이성의 언어와 함께 교대로 사용하세요. 나의 능력으로 된 것이 아니고 은혜로 주어진 것이니 다른 이에게 간증하시되 혹 우쭐하여 자기 자랑이 되지 않도록 조심해야 합니다. 이 은사는 가장 기초적인 것입니다. 여러분께서 이 은혜를 잘 사용하시면 은혜가 자랄 것이고 방언을 통역하며 예언하며 병을 고치는 일이 생길 수 있습니다."

다음 안식일이 되어 그들 부부는 다시 회당엘 나갔다. 지난번과 같이 시편 낭송과 율법서 낭송이 끝나고 랍비의 강론이 끝난 후 다시금 벤구리온에게 발언의 기회를 주었다. 벤구리온이 일어나서 말했다.

"지난번에 예수 그리스도의 고난과 부활에 관하여 말씀드렸습니다. 그런데 그분이 살아계실 때 자신이 하늘로 올라간 후 하나님의 영을 각자에게 선물로 보내주시겠다 약속하셨습니다. 그 성령께서는 진리의 말씀을 가르치시고 생각나게 하시며 담대하게 하신다 하셨습니다.

그런데 지난 안식일로부터 사 일째 되는 날 네 분이 제 말을 더 듣고 싶다며 저에게 찾아오셨습니다. 우리는 말씀을 나눴고 특히 성령에 관하여 제가 말씀을 증거했습니다. 그런 후 우리가 다 같이 기도할 때 그 성령께서 각자에게 임하셨습니다. 여기에 그 네 분이 자리해 계시니 그분들의 말을 직접 들어보는 것이 어떻겠습니까? 하며 회당장을 쳐다보니 고개를 끄떡이며 허락을 해 주었다.

여인 한 사람이 일어나 말했다.

"벤구리온 선생님의 말씀대로 저에게 성령이 임하여 저는 다른 분들과 함께 성령께서 주시는 언어로 기도했습니다. 제 마음이 뜨거워졌고 그 순간 하나님이 저를 강하고 따뜻하게 감싸주시는 것을 느꼈습니다. 이후 저는 마음이 너무 기뻤고 근심 걱정이 다 사라져 아주 평화롭게 며칠을 보냈습니다.

두 번째 그의 남편인 중년의 남자가 일어나서 말했다.

"저 역시 그때 아내와 마찬가지로 성령의 은혜를 따라 기도했고 알 수 없는 신비한 힘이 저를 품어주시는 평안함을 느꼈습니다."

세 번째 네 번째도 같은 증언을 했는데 다만 네 번째 여성은 그처럼 성령을 받은 후 오래 고생했던 위장병이 말끔히 나았으며 두통도 깨끗하게 사라져 아주 활기 있는 생활을 하게 되었다고 말했다.

벤구리온은 말할 것이 많았지만 자제가 필요하다 생각하고 "이제까지 우리의 간증을 경청해 주셔서 감사드립니다. 여러분 모두에게 하나님께서 예수 그리스도를 통해 주시는 평화가 가득하시기를 빕니다."하고 말을 마쳤다.

안식일 다음 날이었다. 이번엔 더 많은 사람이 벤구리온 집에 왔다. 거실이 비좁을 지경이 되었다. 벤구리온은 지난번과 같은 요지의 말씀을 증거했다. 다만 마지막 때에 예수께서 다시 오시리라는 것, 그것을 시편과 이사야의 말씀을 근거로 하여 증거했다.

"하나님의 말씀을 사모하시는 여러분!

오늘 우리가 보는 세상은 영원하지 않습니다. 안개처럼 사라져가고 있습니다. 그러므로 우리는 이 세상에 마음을 두지 말고 하나님의 종 예수 그리스도를 통하여 이루실 영원하고 참된 행복이 있는 그 나라를 구해야 합니다. 예수께서도 지상에 계실 때 먼저 그의 나라와 그 의를 구하라 하셨습니다. 또한 인자가 다시 와서 그 나라를 완성하실 것이라 하셨습니다.

이사야 선지자도 이르기를

"보라, 내가 새 하늘과 새 땅을 창조하나니 이전 것은 기억되거나 마음에 생각나지 아니할 것이라. 너희는 내가 창조하는 것으로 말미암아 영원히 기뻐하며 즐거워할지니라. 보라. 내가 새 예루살렘을 즐거운 성으로 창조하며 그 백성을 기쁨으로 삼을 것이다."

오래전 이사야 선지자가 한 놀라운 장면을 목도하고 외쳤습니다.

"저 구름 같이 비둘기들이 그 보금자리로 날아가는 것 같이 날아오는 자들이 누구냐!"

장차 그날에 사람들이 구름처럼 하늘 공간을 자유롭게 날아다니는 것을 환상으로 본 것입니다. 예수 그리스도께서도 인자가 하늘 구름을 타고 오실 것이라 말씀하셨습니다.

벤구리온은 지난번 네 명의 사람들과 기도회 때 병든 자가 나은 것을 생각하고 성령의 임함과 아울러 병 낫기를 간절히 기도했다. 지난번 보다 분위기가 더욱 뜨거웠고 이번엔 여러 사람이 자신의 병이 나았다는 간증을 하여 하나님께 영광을 돌렸다.

벤구리온은 단 두 번 회당에 나갔고 더는 가지 않았다. 사람들의 반응이 매우 뜨거워 자제해야겠다는 생각을 한 것이다. 회당에 가지 않는 대신 늘 안식일 다음 날 기도모임을 가졌다. 횟수를 거듭하며 신도수가 불어나자 한 부유한 성도가 널찍한 자신의 거실을 집회장소로 내놓았다.

그는 말씀을 연구하고 이를 증거하는 것에 집중했으며 종종 헬라 친구들과의 종교적 담론을 즐겼다. 그의 논리적이고 확신에 찬, 그리고 체험적인 증거에 몇몇 헬라 친구들이 마음을 열었다. 그들도 결국은 예수 그리스도를 믿었고 세례까지 받았다. 그 친구들이 변화를 받은 후 그들이 자기네 동족 헬라인들에게 복음을 전했으며 에베소 본토인들에게도 복음을 전했다. 열 명 가까이 헬라말을 쓰는 신도수가 증가하게 되자 헬라인들을 위한 별도의 집회를 주중에 가졌다. 교회는 신도수가 불어나면서 체계가 잡혀갔다.

악의 침투 그리고 순교

　　그런데 신자들 모임에 악한 자가 은밀히 침투하였다. 셀시므온이라 이름하는 자였다. 그는 열심당원으로 율법수호를 위해서는 살인도 서슴지 않는 극단주의자였다. 셀시므온이 최근 예루살렘에 다녀왔다. 그는 거기서 예수를 추종하는 자들로 인해 큰 소동이 일어났었다는 것, 예수의 제자들이 복음을 전파하여 무섭게 그 세력이 퍼지고 있다는 소식을 들었다. 열심당원들 모임에서 예수당 사람들이 세력을 뻗쳐나가는 것을 그대로 둘 수 없다 결의를 했는데, 그 당원 중 한 사람이 벤구리온의 집회에 끼어들었던 것이다. 그는 니고데모와 요셉의 탈옥사건에 대해서도 들어 알고 있었다. 하지만 니고데모를 직접 대면한 적이 없는 셀시므온은 벤구리온이 그인 줄 전혀 눈치채지 못했다. 그렇지만 예수의 십자가 죽음과 부활을 모임에서 두 차례 말하면서 간증자들이 생기는 것을 보았다. 셀시므온은 그의 추종자들이 늘어나는 것으로 알고는 은밀히 분노를 키우고 있었다.

그는 또 열심당원은 아니지만 바리새파 사람으로 율법에 대한 열성을 가진 한 사람을 찾아가 자신을 도와줄 것을 청했다. 둘은 의기투합했고 적당한 기회를 잡고자 벤구리온의 동태를 살폈다. 둘은 벤구리온의 열렬한 추종자로 가장하여 접근했다. 이미 가정교회로 성장하고 있는 집회에도 두 번 참석하였다. 그 예배모임에서 벤구리온이 자신이 우려하던대로 예루살렘에서 처형되었던 예수 그리스도교를 전파한다는 것을 확인하였다.

셀시므온과 동조자는 어느 날 식사대접을 하겠다며 벤구리온을 밖으로 불러냈다. 세 사람은 걸으면서 말했다. 저녁 바람이 살랑거리며 한낮의 더위를 식히고 있었고 날은 조금씩 어두워지기 시작하고 있었다.

셀시므온이 걸으며 말했다.

"선생님의 탁월한 성경적 지식에 늘 감동하고 있습니다. 선생님은 어떻게 예수의 복음을 접하게 되었습니까?"하고 물었다. "하나님의 선하신 인도하심 때문이지요. 제가 전하는 복음에 대하여 깊은 관심을 갖고 계시니 감사합니다."

그렇게 말하는 중에 세 사람이 앉기에 적합한 매끄럽고 잘생긴 바위가 보이자

"여기 잠시 앉아 이야기 하시지요."

하며 셀시므온이 먼저 앉으니 벤구리온을 가운데 두고 친구도 함께 나란히 앉았다.

"어디서 많이 뵌 낯익은 모습인데... 혹 공의회 의원님이 아니신가요?"

벤구리온은 '아차' 했다. '이 자들이 나를 알고 이곳으로 유인해냈구나' 번뜩 생각이 들었다.

"사람 잘못 봤소이다."

하고 벤구리온이 일어서려는데 셀시므온과 동행한 자의 예리한 칼이 그의 옆구리를 파고 들었다. "윽!"하며 몸을 웅크리니 다음엔 칼이 배로 들어왔고 살상 경험이 있는 자인 듯 칼을 뱃속에 넣은 채 한번 휘둘렀다. 벤구리온은 피를 토하며 그 자리에 쓰러졌고 이내 숨을 거두고 말았다. 악한들은 시신을 그대로 두고 황급히 달아났다. 살인자는 달아나면서 벤구리온을 찔렀던 칼을 길 가 숲속으로 멀리 던져버렸다.

그들은 왔던 길을 반대로 백여 미터 가량 뛰어가다가 뛰는

것을 멈추고 걷기 시작했다. 그때 마주 오던 한 사람이 있었다. 그도 벤구리온의 집회에 나와 말없이 한쪽 구석에 앉아 기도회가 끝나면 돌아가곤 하던 청년이었다. 어둑해지는 시간이었지만 그 청년은 흰옷을 입고 두건을 쓴 차람의 두 사람 중 한 명의 가슴에 튄 붉은 얼룩을 보았다. 불길한 마음이 들어 뒤를 돌아보았다. 그리고는 얼마 못 가서 길가 바위 앞에 쓰러진 벤구리온을 발견했다. 이미 숨을 거둔 상태였다.

"선생님! 이게 웬 변이십니까? 선생님! 벤구리온 선생님!"

그 청년은 이럴 때야말로 침착해야겠다 생각하고 일절 시신에 손을 대지 않았다. 그는 벤구리온의 집을 향해 숨이 턱에 닿도록 뛰었다. 집에 도착하자마자 현관문을 꽝꽝! 두드리며 외쳤다.

"사모님, 사모님! 큰일 났습니다. 선생님이..." 하는데 부인이 황급히 문을 열어주었다. "선생님이 괴한에게 칼을 맞으셨어요. 저 위쪽으로 쭉~ 가시면 길가 큰 바위가 있는 곳에 선생님이 쓰러져 계세요. 저는 얼른 치안서로 달려가 치안관을 모시고 오겠어요."

치안서는 꽤나 멀었지만 청년은 쉬지 않고 달려가 살인사건의 최초 목격자로서 신고를 했다. 그리곤 치안관과 함께 말에 올라탔다. 그들은 다른 치안요안 한 명과 함께 사건 현장으로 달려갔다. 도착해보니 벤구리온의 아내가 먼저 달려와 시신을 붙잡고 오열하고 있었다.

"여보! 여보!

어젯밤, 예수님이 빛나는 중에 두 팔을 벌리고 보좌에 앉아 계신 꿈 이야기를 들려주시더니 이리 되셨군요. 오, 주여! 내 남편의 영혼을 받아주시옵소서. 이 딸도 함께 데려가 주소서." 하며 슬피 울었다.

니고데모에게 예수님과의 만남은 그의 운명을 가르는 분기점이 되었다. 진리에 목말라 예수님을 찾아온 그에게 '물과 성령으로 거듭나야만 하나님을 볼 수 있다.'는 말씀이 그의 가슴팍에 꽂혔고 거듭남이 그의 최대 명제가 되었던 것이다. 그는 묵상 중에 그것의 의미를 깨닫고 영적인 방황을 끝냈다. 진리는 율법에, 헬라 철학 서적 속에 있는 것이 아니라 예수님 자신이었다는 것, 그분과 그분의 말씀이 진리이며 그 밖에서는 결코 진리가 발견될 수 없다는 것을 알았다. 그는 또한 생명의 빵, 생명수가 바로 예수님이라는 것, 그분을 통하여 율법이 완성되고 그분을 통하여 하늘나라의 영원한 안식으로 들어간다는 것을 확신했다. 그분이 말씀하신 '바람의 자유'의 의미를 어느 날 묵상 중에 깨달았을 때 그 기쁨과 평화는 대단하였다. 그 자유는 세상이 줄 수도, 세상사람들이 맛볼 수 없는 완전한 것이었다. 그랬기에 니고데모는 두려움을 떨치고 예수님의 장례를 도왔으며 불의한 가야바와 그의 세력에 담대하게 맞설 수 있었다.

그에게는 십자가의 복음이 가장 소중했고 복음을 전파하다 순교하시고 부활 승리하신 예수 그리스도를 증거하는 것이 자신의 존재 이유라는 것을 알았으며 이를 실천했다. 더욱이 오순절 아침 성령의 임재를 체험한 후부터는 그동안 알고 들었던 예수 그리스도와 관련된 진리의 말씀들이 아무도 어찌할 수 없는 확신으로 다가왔다. 그가 성령을 체험하지 않았더라면 안식일 유대인들의 회당에 가지 않았을 것이다. 그는 위험이 도사리고 있는 줄을 알면서도 복음을 전해야겠다는 뜨거운 열정을 억누를 수가 없었다. 그것이 화근이 되었지만 그는 용기있게 회당에서, 자신의 처소에서, 그리고 가정교회에서 복음을 전했다. 그의 집회에 참석한 많은 이들에게 하나님의 살아계심과 예수 그리스도의 주되심을 힘있게 증거했다. 그럼에도 그 소중한 복음을 충분히 전파하기엔 너무도 짧은 시간이었다. 하지만 그 소중한 복음의 씨앗이 이방 땅 에베소에 뿌려졌으니 그 복음은 확장될 것이다.

범인들은 곧 잡혔다. 실제 칼을 사용한 자는 무기징역형을 받았고, 공범인 열심당원은 이십 년 징역형을 받았다. 그 자들은 확신범이었다. 살인을 저지르고서도 그것이 하나님에 대한 충성이요, 하나님이 의롭게 여기시는 일로만 알았다.

예수님의 시신을 수습하던 니고데모

니고데모는 짧은 기간에 많은 열매를 맺었다. 그는 진리를 분명히 깨달았고 성령을 가득히 체험했으며, 그 성령의 인도하심을 따라 사역하다 이역만리 이방 땅에서 거룩하기 이를 데 없는 순교의 피를 뿌렸다.

그의 장례는 평소 뜨겁게 예배드리던 성도들의 도움으로 조촐하게 치러졌다. 시신은 가까운 작은 동산에 묻혔고, 소박하게 다듬어진 비석에는 [증거자 니고데모 잠들다 33]이라고 새겼다. 33은 주 오신지 33년 되던 해라는 의미였다.

부 록 : 신학적 에세이

칼 바르트, 계시의 초월성과 그리스도 일원론

에밀 브루너, 계시의 철저성

슐라이에르마허, 말씀과 무관한 사변의 신학

순교로 참된 제자도를 보여준 디트리히 본회퍼

폴 틸리히, 비존재의 불안과 자의적 신학

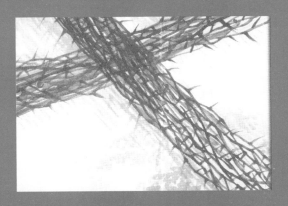

칼 바르트, 계시의 초월성과 그리스도
일원론

칼 바르트(Karl Barth1886~1968)는 초기, 감정과 실존주의를
주 내용으로 하는 자유주의 신학자로 출발했으나 나중 그들과
결별하고 독자적인 신학체계를 세웠다. 그때까지만 해도 슐라
이에르마허 이후, 알브레히트 리츨, 루돌프 불트만이 신학계를
주도하던 신학계에 커다란 반향을 불러 있으켰다. 그가 연구에
몰두하다 1919년 로마서주석을 출간을 했는데 그 책이 신학계
에 얼마나 큰 충격을 주었는지를 한 신학자가 다음과 같이 표
현했다. '그 책은 신학자들이 노는 놀이터에 떨어진 폭탄과 같
았다'

그는 키에르케고르로부터 일정부분 영향을 받았고 그것을
그가 펴낸 로마서 주석에서 다음처럼 표현한 적이 있다.

"하나님은 하늘에 계시고 당신은 땅 위에 있다. 그러한 하나님과 그러한 인간의 관계, 그것이 성경의 테마이며 철학의 정수이다."

그는 또한 하나님의 초월성과 그로인한 초월적인 영역에 존재하시는 하나님, 그리고 땅 위에 살아가는 인간의 한계를 구분 지어 이원론적으로 생각했다. 그런 사고가 나중 전적 타자론으로 전개되는 한 기초가 되었을 것인데 하나님은 너무나 지고지순한 분이어서 인간이 그분과 자유롭게 교제한다는 것은 불가능하다는 것. 그럼에도 특별한 순간 은총이 임할 수 있어서 이것을 붙들지 않으면 안되는데 이것을 [위기신학]이라고 했다. 다음의 발언에서 그의 심중이 무엇인지가 잘 드러난다.

"그의(하나님의) 신성 안에서 우리는 오로지 뚫고 들어갈 수 없는 죽음의 어둠에만 비유될 수 있는 신비와 마주쳐야 했다. 그 신비 안에서 하나님은 인간에게 자신을 드러내어 통고하고 계시하시는 바로 그 순간에 자신을 은폐하신다."

계시가 끝나면 바로 자신을 은폐하신다는 것은 임마누엘의 개념에 배치된다. 우리가 그분의 임재를 느끼던 않던 간에, 하나님은 우리 각자와 영원토록 함께 하시는 우리의 아버지라는 믿음에 손상을 주는 발언이다. "나는 결코 너희를 떠나지도 버리지도 않겠다.(히13:5)"라는 말씀도 있다. 바르트가 '아버지로서의 하나님, 예수 그리스도를 통해서 우리 각자에게 내재하시는 하나님'임을 경험하지 못한 때문이었을 것이다.

또한 바르트가 타계하기 전날 밤 친구들과 마지막 대화하면서 "땅에는 여전히 고통이 있고 그리스도께서는 부활하셨다네."라 말했는데 이 발언이 대단한 것처럼 평하는 이들이 있다. 하지만 그것은 부활의 소망을 가진 사람이라면 누구나 고백할 수 있는 원론적인 것이다. 그럼에도 그것을 굳이 평가하려는 것은 자유주의 신학자들, 신정통자유주의 신학자들에게는 그조차도 드문 때문일 것이다.

만민화해론

그는 보편구원론인 이른바 만민화해론을 펼쳤다.

"심판은 일차적으로 어떤 사람은 상을 주고 다른 사람들은 벌을 주는 것이 아닙니다. 그는 질서를 창조하시고 파괴된 것을 회복하시는 분이십니다. 우리는 무조건적인 신뢰를 가지고 이 회복의 계시를 맞이하러 나아갈 수 있습니다. 우리가 그의 계시에서 나왔기 때문에 무조건적인 확신을 가지고 나아가는 것입니다.(교의학 개요186p)"

심판의 본질을 왜곡한 이 발언은 계속되는 문장을 볼 때 실수가 아니라 그의 진심으로 보인다. 그는 하나님의 자비, 곧 예수 그리스도가 대신 심판을 받았다는 것을 지나치게 낙관적으로 봐서 그것이 모든 사람에게, 믿지 않는 자들에게도 회복이 임한다는 것을 주장한다.

"우리는 심판주가 나를 위하여 하나님의 심판에 스스로를 내어주셨으며 나에게서 모든 저주를 가져가신 분이라는 진리로 되돌아가야 합니다.(같은 페이지)"

"의인은 영생에, 악인은 영벌에"라고 하는 심판의 성경적인 대전제를 어떻게 이처럼 뒤집을 수 있을까? 그것은 예수 그리스도의 십자가를 무력화시키려는 악한 자, 곧 사탄과 그를 따르는 자들의 의도에 동조하는 것이라 아니할 수 없다.

바르트는 '선택과 예정론'에서 자기의 주장을 끝까지 일관성 있게 견지하는 모습을 보여주지 못했다. 면밀하게 그의 발언을 관찰한 한 학자는 그가 1936년까지는 교회의 전통적인 가르침인 '선택과 유기'를 따랐는데 이후 진보적으로 변하면서 1953년도부터는 하나님의 자유로운 선택을 강조하여 만민 화해론으로 흘렀음을 밝히고 있다.(김명용 칼바르트의 신학) 바르트 본인은 만민화해론과 만민구원론의 차이점을 주장했지만 궁색

한 변명일 뿐이다.

    그의 저서는 방대하다. 그의 필생의 역작인 교의학은 총13권 9천 페이지에 달한다. 그러므로 그의 신학이 몇몇 잘못된 발언으로 인하여 전체를 흑 평가해서는 안된다. 그의 신학적인 업적, 그중에서도 진리를 꿰뚫는 중요한 발언들이 많다.

    "하나님에 대한 지식은 인간이 본성이나 경험 안에 내재하여 있는 능력이 아니라 하나님이 하나님이며 동시에 인간이신 예수 그리스도 안에서 그것을 은혜로 허락하시기 때문에 비로소 가능한 것이다.(교의학 개요 중에서)"

    반듯한 신앙고백이며 주의 성령께서 함께 하시지 않는다면 할 수 없는 발언이다. 하나님께 대한 참된 지식이 그리스도 안에서 성령의 도움 없이는 불가능하다는 것, 참된 그리스도인이라면 누구나 동의할 수밖에 없는 고백이다.

    "하나님의 말씀을 알 가능성은 하나님의 말씀 외에는 어느 곳에도 있지 않다. 영원하신 하나님은 다른 곳이 아닌 예수 그리스도 안에서만 알 수 있다. 신앙의 증거는 신앙의 선포에 있다. 하나님의 말씀에 대한 지식의 증거는 그것을 고백하는 데 있다.(교의학 개요 중에서)"

"성경은 정적으로 그냥 가만히 있을 때는 하나님이 말씀이 아니다. 하나님이 말씀은 항상 사건적(of event)성격을 가진다. 어떤 의미에서 그것은 자신의 존재를 행동을 통하여 반복적으로 보여주는 하나님 자신이다. 성경은 하나의 사건을 통하여 하나님의 말씀이 된다.(교의학 개요 중에서)"

한 개인에게 하나님 말씀과의 진정한 만남은 충격적인 사건이 된다는 것, 이는 경험해 본 자만이 할 수 있는 진술이다.

바르트는 교의학 출간 이후 그 명성이 자자해져서 많은 주목과 인기를 끌었다고 한다. 전 세계로부터 학생들이 그의 강의를 듣기 위하여 왔고 그가 이끄는 세미나에 참석, 영국과 미국으로부터 너무도 많은 학생이 왔기 때문에 바르트는 매주 한 번씩 영어 세미나를 개최하기 시작했다. 1962년 타임지는 그에게 경의를 표하고자 표지 기사로 다루었다.

삼위일체론과 그리스도 일원론

교의학에서 주장하는 그의 삼위일체론은 특별하다. 하지만 그의 논리는 너무 깊이 들어갔다. 많은 신학자들이 삼위의 각 속성과 그 삼위께서 어떻게 일체를 이루는 가에 대하여 경외감을 가지고 어느 선 이상을 넘어가지 않으려 했다. 하지만 바르트는 인간에게 허락되지 않은 영역까지 깊이 들어가 마구 분석하였다. 그의 말대로 사람은 땅에 사는 유한한 존재일 뿐인데 저 높고 높은 경지에 계신 오묘하기 이를 데 없는 하나님을 그토록 상세하게 논할 수 있는가?

그의 신론은 '그리스도 일원론적'이라는 평가를 받는다. 하나님의 자기 계시로 오신 예수 그리스도께서 하나님 자신, 하나님의 자기 계시로 오신 분이라는 것인데 제1위이신 성부 하나님과 제3위이신 성령의 설 자리를 남겨두지 못했다는 것이다.

"이 세계에 대한 하나님의 사랑은 진정하며 영원한 것이지만 필연적인 것은 아니다. 그분이 이 세상을 사랑하지 않기로 했다 하더라도 하나님은 여전히 사랑이시다."

앞, 부분에는 전적으로 동의한다. 하지만 하나님의 순수하고도 지고하면서도 자유로운 사랑을 강조하고자 가정법으로 '이 세상을 사랑하지 않기로 작정했다 하더라도 하나님은 여전히 사랑이시다.'라는 것에는 동의할 수 없다. 하나님이 세상을 사랑하지 않는다는 것을 가정할 수 없기 때문이다. 왜냐하면 그분은 엄청난 지혜와 권능으로 세상을 창조하셨기에 그것을 사랑하시고 보존하신다. 그리고 이미 독생자 예수 그리스도를 보내셨고 제물로 내어주시기까지 하셨다. 그렇게 그 사랑이 나타났고 확정되었는데 그 반대편을 상정해서 자기 논리를 전개하는 것은 옳지가 않다.

스탠리 프랜츠는 "그의 신학 전체에 걸쳐 나타나는 예수 그리스도에 대한 극단적인 집중은 그의 신학을 그리스도 중심적으로 만들었다. 그리하여 하나님에 대한 지식과 인격적 앎을 그리스도 안에 계시된 것으로만 제한하였다. 그리하여 성부와 성령 그리고 인간의 역할들을 간과하고 있다는 인상을 주었다.(20세기 신학 중에서 요약)"

또한 바르트는 [하나님의 계시, 하나님의 말씀]과 성경을 지나치게 구분하여 교회가 일반적으로 가르쳐온 말씀의 진리와 말씀의 거룩성, 말씀의 무오성을 어느 정도 훼손했다는 평가를 받는다. 또한 그가 주장하는 하나님의 자기계시는 성부와 성자 간의 구분을 모호하게 만드는 일종의 양태(modes of being)론적인 삼위일체론을 야기시켰다는 평가를 받기도 한다.

맺으며

한 신학자의 학문 세계를 들여다보면서 공과가 있음은 어쩔 수 없는 인간의 한계라는 것을 다시금 생각하게 된다. '하나님

께서 가르쳐 주시지 않으면 저는 아무것도 알 수 없습니다.'라
는 겸손한 태도가 절실하다. 자신이 이루어놓은 업적이나 세인
들의 평가에 힘입어 무엇이나 된 것처럼 우쭐해서 한계를 넘어
가면 안된다. 또한 성령을 통하여 받은 하나님의 계시는 매우
확실하고 분명해서 평생의 지표가 되므로 사람을 의지하지 말
고 시시로 하나님을 의지해야 한다. 그런 계시들이 쌓여 이루
어진 신학은 견고해서 흔들리지 않는다. 결코 이랬다저랬다 변
개되지 않는다. 물론 다른 분야와 같이 신학도 발전해야 하는
것임엔 틀림없다. 하지만 계시와 선택과 예정, 그리스도와 성
령 등 기본적인 것의 방향이 흔들려서는 안된다.

칼 바르트가 연대에 따라 예정론이 달라졌다든지, 종말론에
대하여 엉뚱한 발언을 한 것은 오류를 넘어 그 신학의 중심을
흔들어놓는 것이며 그의 신앙 중심이 어디에 있는지를 의심케
하는 것들이다. 그가 '20세기의 가장 위대한 신학자'라고 말하
는 것은 어디까지 사람의 평가일뿐이다. 중요한 것은 하나님이
어떻게 인정하시는가이다.

슐라이에르마허,
말씀과 무관한 사변의 신학

신앙 형성 과정

슐라이에르마허(Friedrich D. E. Schleiermacher, 1768-1834)
는 양부모로부터 개혁교회 칼빈주의 전통을 물려받았다. 그는
개혁교회 목사로 안수를 받고 평생 목사로 활동했으며 14세의
이른 나이에 회심을 체험했다. 그 회심의 내용이 무엇인지 모
르나 그런 개인적인 체험의 영향이 그의 신앙과 학문에 지대한
영향을 끼친 것으로 보인다.

그는 모라비안교단의 신학교에서 경건훈련을 받으며 수학하
는 중, 칸트의 '미래형이상학' '순수이성비판'을 몰래 탐독하면

서 철학에 심취하였다. 호기심 많은 그의 독자적인 기질을 엿
볼 수 있는 부분이다.

그의 학업에 위기가 찾아왔는데 자신을 인자라고 부른 '나사
렛 예수가 진정하고 영원한 하나님이며, 그의 죽음이 다른 사
람이 받아야 할 벌을 대신한 것이라는 교리'를 믿을 수 없었다.
그는 결국 다니던 모리비안 신학교를 중퇴하였다.

왜 다른 이들처럼 예수의 신성과 대속의 교리를 받아들일 수
없었을까? 또한 예수께서 하나님의 보내심을 받아 오신 그리스
도이며 십자가에서 고난을 받아 죽으시므로써 그 사역을 완성
했다는 보편적인 믿음의 지식을 편안히 수용할 수 없었을까?
그의 내면에 무엇이 작용하여 성경적이고 경건한 가르침이 당
연한 것으로 받아들여질 수 없었던 것일까? 이후 그는 전통적
인 교회의 가르침을 거부하고 자신만의 독특한 이론을 전개하
여 자유주의신학의 선봉에 섰다.

슐라이에르마허의 신인식

슐라이에르마허는 그리스도의 구속능력이 그의 특정한 행위
속에 있는 것이 아니라 인격 속에 있다고 보았다. 즉 그리스도
의 구속사역의 본질적인 것은 그의 고난이 아닌 그의 강력한

하나님 의식이라는 것이다. 따라서 예수 그리스도의 그리스도 되심이 하나님 의식으로 충만했기에 그리스도가 될 수 있다 주장했다. '하나님 의식' '절대의존 감정은 그의 독특한 신인 식이다.

실제에 근거하지 않은 하나의 사변, 행위가 따르지 않는 의 식만을 그리스도의 본질이라는 주장을 어떻게 받아들일 수 있을까? 전통적인 교회의 신조는 성부께서 계획하시고 성자께서 동의하셔서 인간의 몸을 입고 이 땅에 오시는 구체적인 행위를 중시하는데... 그는 다음처럼 자기논리를 보다 구체화한다.

"그리스도에게 절대적으로 강력한 하나님 의식을 돌리는 것과 그 안에 있는 하나님의 존재를 돌리는 것은 정확히 동일한 것이다." 의식과 존재(실제)가 정확히 동일하다는 것, 그가 커다란 착각 속에 매몰되어있음을 알게 된다. 의식의 절대화, 이런 사변을 문제시하여 논술하는 것이 과연 합당한가 하는 의문마저 든다. 하지만 슐라이에르마허가 자유주의신학의 선두에 있었고 지금도 그의 영향이 지대하기에 간과할 수만은 없다.

그는 하나님을 '절대의존의 근원, 절대적인 원인'으로 간주했다. 또한 그에게 하나님은 우리에게 대상이 아니라 절대의존 감정의 원인이었다. 우리는 단지 자신 및 세계와의 관계에서만 하나님에 대한 지식을 가질 수 있다고 믿는다. 절대의존 감정이 하나님을 인식하는 원인이라는 것도 그러하거니와 하나님에 대한 지식을 그분이 선포하신 말씀을 통해서가 아니라 피조된 세계를 통해, 즉 세계와의 관계를 통해 가질 수 있다는 것. 그것은 슐라이에르마허가 성경을 신뢰하지 않은 때문이다. 도대체 성경을 도외시하고 어떻게 하나님을 알 수 있는가? 불행하게도 그는 말씀을 통해 임하시는 하나님을 만난 경험을 가지지 못한 것으로 보인다.

"지고의 존재자는 개별적인 활동들을 통해 우리 마음 속에 나타날 수 없다. 왜냐하면 모든 내적이고 일시적인 활동들은 일시적인 원인으로부터 유래하기 때문이다."

그가 말한 지고의 존재자는 물론 하나님이고 믿는 모든 자들의 아버지이시다. 그 하나님은 우리 각자에게 말씀으로 임하셔서 개별적으로 자신을 계시하신다.

필자는 최초 말씀으로 다가오신 그날 그 시간, 그 장소를 잊지 못한다.

"내 어린 양아(양떼들아), 조금도 두려워하지 말라.(눅12:32)"

그 말씀은 나 개인에게 다가온 천둥 같은 계시였다. 최초의 그 사건 이후로 하나님은 종종 나에게 말씀으로 다가오셨고,

위로와 힘과 지혜가 되어주셨으며, 말씀으로 인도하셨다. 그러므로 나는 말씀의 힘에 의해 절망 속에서 일어났고 그 말씀으로 추진을 받아 살았다. 정녕 그 말씀들은 살았고 힘 있는 말씀이었기에 오늘도 그 말씀을 어제 주신 것처럼 힘있게 붙들고 있다. 그 말씀이 있어서 다양한 방법으로 사십여 년간 최선을 다해 기쁨으로 선교할 수 있었고 그것이 말씀으로 인한 나의 열매였다. 진정 하나님은 무리가 아니라 개별적으로 각 인격에게 다가오시는 분이시다. 슐라이에르마허는 그것을 부인하고 있다.

슐라이에르마허는 또한 모든 내적인 활동이 일시적이므로, 일시적인 것은 일시적인 원인을 가지고 있어서 우리 마음속에 계시될 수 없다 했다. 칼 바르트의 '절대 타자의 순간 계시, 또는 위기신학'과 유사하다. 하나님은 지고지존하시기에 항상 계시지 않고 아주 특별하게 일시적으로 순간 임하셨다 있던 자리로 돌아가시는 분이라는 것이다. 하지만 하나님은 오늘 예수 그리스도를 통하여 성령으로 각자에게 내주 내재하신다. "나는 결코 너희를 떠나지도 버리지도 않겠다.(히13:5)"는 말씀도 있다. 순간의 임재가 아닌 지속적인 임재이다.

슐라이에르마허의 창조론

그는 성경의 계시성을 부인했다. 따라서 창조기사 역시 하나님의 계시에 의한 것이라 보지 않았다. "존재의 시작에 대한 질문은 종교적인 관심이 아닌 사변적인 호기심의 결과로 일어났다. 창세기의 창조 이야기는 특이한 방식으로 진술된 비유적인 기술이거나 또는 역사적인 기술로 해석될 수 있다. 창세기가 역사적인 것이라면 그 신뢰성은 과학의 발전에 의해 계속적으로 떨어질 것이다. 나는 6일간의 창조에 대하여 말하기를 원치 않는다."

성경을 하나님의 절대 계시로 이해했다면 창조기사가 호기심의 산물이라 말할 수 없을 것이다. 하나의 서투른 문학이고 공상에 불과하며 과학적인 지식이 부족한 사람의 창작물로 생각한 것이다. 가톨릭 일부에서 창조기사를 '믿을 교리'로 보지 않는다는 것 또한 그들이 성경을 하나님의 정확 무오한 계시로 신뢰하지 않기 때문이다.

중요한 것은 그것이 계시인가를 동의하느냐의 여부일 것이다. 그에 대하여 어떤 태도를 가지느냐에 따라 창조기사는 하나님의 위대한 선언이며 기록으로 받아들여질 수 있다. 그것이 안되면 슐라이에르마허나 일부 가톨릭적 논리에 빠져든다.

어떤 이가 시편을 강해하면서 저자를 '시인'이라 반복해서 표현했다. 시편이 철두철미 계시에 의한 것이라는 확신을 갖는다면 시편을 어느 시인의 문학작품이라할 수 있을까? 그런 사람은 시편 한편 한편에 담긴 계시를 바르게 언급하기 어렵다.

믿는 자들은 창세기의 창조기사를 하나님의 절대계시로 받아들인 자들이다. 그에대한 확신을 가지지 못할 때 방대한 자료로 무장한 진화론자들의 공격을 막아낼 수 없다. 하나님의 계시가 아니라면 모세가 어찌 태초를 말할 수 있었으며, 어떻게 각각의 창조를 세세하게 기록할 수 있었겠는가? 모세는 하나님과 사십 일간 두 차례나 독대하며 넘치도록 풍성한 계시를 받은 인물이었다.

슐라이에르마허의 그리스도론

슐라이에르마허는 그리스도의 동정녀탄생을 회의적으로 보았다. 예수는 평범한 육체를 가졌으며 보통사람과 같은 잉태의 과정을 통해 출생한 것이라 주장했다.

"그리스도 안에서 신적인 것이 존재하는 것은 그가 남성의 협력 없이 출생했다는 명제에 의존하는 것이 아니라 오히려 적극적인 신적 행위에 의존한다. 그러므로 신적인 행위가 그리스도를 유전죄와의 모든 연결로부터 자유롭게 했음에 틀림없다."

그의 신적인 행위란 다름 아닌 하나님 의식이다. 그에겐 의식과 존재가 동일한 개념을 가지고 있다. 그런데 예수께서는 평소 '인자'라는 표현을 많이 사용하셨다. 얼핏 사람의 아들임을 주장하는 것이 예수님의 신성에 걸림이 될 것임에도 번번이 그리하신 것은 신인의 양성을 가질 때 비로소 속제를 위한 제물됨의 효과가 전 인류에 미칠 수 있기 때문이었다. 단지 인간으로 속죄의 제물이 된다면 인류의 대속을 위한 필요조건을 채울 수 없다. 반대로 인자를 빼고 하나님의 신성만으로는 인간을 위해 대속제물이 될 수 없다. 오직 인성과 신성을 겸비한 예수 그리스도만이 인류의 대속제물이 되는 것이다. 그로인해 예수께서는 단번의 희생제물이 되심으로써 그 공로가 모든 인류에 미칠 수 있었다.

그러므로 예수 그리스도의 성령에 의한 동정녀탄생은 신인으로 오시는데 필수적인 것이었다. 하지만 슐라이에르마허는 출생이야 어찌 되었던 예수의 신적 행위, 즉 그분의 하나님 의식이 그리스도 되게 한다 했다. 출생에 있어서는 신적 행위를 강조한 그가 그리스도의 죽음에 대해서는 반대로 행위를 과소평가했다. 그리스도의 죽음을 본질적이라고 이해하지 않고 다만 죄의식이 생기게 하여 하나님과의 친교에 도움을 주는 정도라고 보았다.

예수님의 동정녀탄생을 회의하는 슐라이에르마허에게 사도 요한의 치명적인 언설이 있다.

"많은 미혹하는 자들이 세상에 들어왔나니 예수 그리스도께서 육신으로 오신 것을 시인하지 않는 자들이라. 이것이 미혹하는 자요, 적그리스도라.(요2 1:7)"

예수 그리스도의 육신이 얼마나 중요한가를 단적으로 보여주는 예문이다. 슐라이에르마허가 대수롭지않게 여겼던 그리스도의 특별한 탄생이 사실은 그리스도의 가장 중요한 요건임을 성경이 증언하고 있다.

루터나 칼빈은 죄를 "인간이 하나님의 법을 위배했으므로 그리스도의 고난을 통해 하나님의 정의를 만족하기 위한 징벌적이며 대리적인 희생을 한 것"이라 해석했다. 그것은 개신교회의 매우 중요한 신조이다. 하지만 슐라이에르마허에게 구속은 "그리스도가 신자를 자신의 하나님 의식의 능력 속으로 떠맡기는 활동"이라 했다. 그러기에 사실상 십자가 죽음이 필요치 않았다. 십자가 없이도 그런 활동이 가능할 것이므로... 대속의 객관적인 측면, 즉 십자가 고난의 행위가 따라야만 그리스도로써 대속이 가능한 것을 외면하고 주관적이고 사변적인 주장을 한 것이다.

그런 그가 하나님과의 친교를 가질 수 있을까? 친교란 사랑에 기반한 빈번하고 즐거운 교제의 지속이다. 그런데 하나님의 천지창조를 부인하고, 그리스도의 동정녀탄생에 태클을 걸며, 그리스도께서 인류를 구원하기 위한 십자가 죽음을 왜곡 평가 절하하는 그에게 하나님의 친교가 가능할 리가 없다. 만일 그런 사람에게 하나님께서 친교를 허락하신다면 하나님 스스로 이단자의 손을 들어주는 것이 되므로 애당초 친교는 불가능하다. 그럼에도 그는 친교에 대한 나름의 이론을 가지고 있다.

"죄는 새 사람 안에서 더 이상 활동하지 않는다. 죄는 단지 옛사람의 잔재일 뿐이다. 새 사람은 죄를 의식하지만 그것을 자신의 것으로 의식하지는 않는다. 따라서 죄책의 의식이 제거된다. 또한 우리가 하나님의 자녀가 되게 하는 능력 역시 신앙, 즉 그리스도의 친교로부터 나온다."

성화가 진행 중인 성도에게 자범죄는 항상 두통거리이며 우리가 육신을 입고 있는 동안 끝까지 싸워야 하는 과제이다. 죄에 걸려 넘어져 일어나지 못한다면 그동안의 믿음의 여정이 수포로 돌아갈 수 있다. 그러므로 죄를 아파하고 미워하며 그리스도의 이름과 십자가 공로와 말씀을 의지해서 이겨내야 한다. 아울러 보혜사로 내 안에 오셔서 늘 도우시는 성령님을 의지해야 한다. 그런데 새사람이 되었다 하여 죄가 더 이상 활동하지 않는다면, 그 죄가 자신과 무관한 것이라 억지를 쓴다면 이는 니골라당의 교설과 다름이 없다.

슐라이에르마허는 그리스도의 친교로부터 하나님의 자녀가 되는 신앙이 나온다 했다. 아니다. 친교가 먼저가 아니라 그리스도의 속죄를 위한 희생의 공로로 인해 친교가 가능한 것이다. 친교는 그리스도의 보혈공로를 힘입어 하나님의 자녀된 자가 아버지와 누리는 법적 특혜로 말미암은 것이다. 친교의 경험이 없는 그가 어떻게 친교를 제대로 말할 수 있을까? 그런 그는 "친교를 중생"이라 하고 그 "계속적인 발전을 성화"라 하였다. 이도 아니다. 친교는 중생의 결과로 인한 것이고 친교가 지속될 때 성령의 도움으로 성화에 이를 수 있다.

위의 언급에서 슐라이에르마허의 '그리스도의 십자가 죽음'은 친교를 위한 것, 단지 그것에 부수적인 중요성을 부여했을 뿐이다. 슐라이에르마허는 그리스도의 대리적인 희생의 개념이나 그리스도의 고난이 죄의 징벌을 폐기한다는 전통적인 견해에 동의하지 않았다. 그리스도의 십자가 죽음에서 속죄가 이루어졌다는 사실을 부정함으로써 주관주의적 속죄론의 주요한 대표자가 되었다. 인간의 의식과 인식을 성경 위에 둔 것이다.

그는 또한 그리스도의 고난을 단순히 하나님의 정의의 만족이나(안셀름) 죄에 대한 형벌로 생각하지 않았다. 오히려 인간의 죄와 악의 공동생활(그리스도의 내주를 의미)에 들어가서 그것을 정복하고 그 결과를 철폐함으로써 인간과의 새로운 공동생활을 가능하게 한 것으로 이해했다. 그리스도에게는 죽음조차도 악이 아니었으며 죄의 형벌일 수 없었다. 따라서 새로운 공동체 속에서 그리스도와 연합한 인간에게는 죄와 악의 연결이 무너지고 악은 더 이상 죄의 형벌이 아니라 본 것이다.

'슐라이에르마허의 신학사상'을 저술한 목창균은 최종적으로 그를 평가하기를 "그가 현대신학의 아버지란 영예를 누리면서도 흔히 비판과 거부의 대상이 되었다. 그것은 그의 신학이 그가 도달했던 결론이 아니라 그가 택했던 방향에 의해서, 그리고 그가 제시한 해답이 아니라 그가 제기한 문제에 의해서 그런 영예를 누리는 것임을 입증해 둔다." 슐라이에르마허에게는 매우 쓰디쓴 평가이다.

칼바르트조차 그의 사상을 이해하는데 어려움을 느낄 정도로 난해하며 헷갈리는 이론을 펼친 슐라이에르마허, 말씀을 떠나서, 성령의 도움을 외면하면서 스스로의 이성으로 하나님을 알아가려는 그의 노력은 무모했다.

예수께서 "나를 통하지 않고는 아무도 아버지께 갈 자가 없다." 하셨는데 그 '나'는 말씀이시고 진리 자체이신 분이다. 성령강림 이후, 그리스도의 말씀을 생각나게 하시고 잘못된 생각을 바로잡으시며 우리를 카운셀링하시는 성령님을 의지하는 것은 절대적이다. 그분을 의지하지 않으면 누구라도 오류의 구덩이에 빠지지 않을 수 없다. 그분이 가르쳐주시는 것은 예수께서 이미 선포하신 말씀들이다.

에밀 브루너, 계시의 철저성

에밀 브루너(Emil Brunner)는 칼바르트와 동시대를 살았다. 그는 1889년 스위스 취리히에서 바르트보다 3년 늦게 출생했는데 인생 후반기에 바르트와 대립각을 세우면서 3 km 인접한 곳에 살면서도 서로 왕래하지 않았다. 그러다가 말년 제자들의 주선으로 화해하였다.

그의 신학은 하나님의 계시를 최상위개념으로 설정하고 전통적인 교회의 가르침보다 신성한 것으로 강조하였다. 명망이 있는 신학자 중에 하나님의 계시를 브루너보다 높인 이는 없다는 점에서 호감이 간다.

성경적 인격주의(Biblical Personalism)

그는 부버(Martin Buber)의 책 '나와 너'에 영향을 받아 [만남으로서의 진리 Truth as Encounter]를 발간한다. 그 책에서 브루너는 그것의 진리(it-Truth)와 너의 진리(Thou-Truth), 즉 객체의 세계에 대한 지식과 인격체들의 세계, 그 차이를 구별할 수 있어야 한다는 것을 강조했다. 이러한 차이를 인식하지 못하고 그 결과가 삶의 제 분야에 미치게 된 것이 철학의 근본적인 실수라 하였다. 따라서 하나님의 지식을 객체(역사나 과학적 지식 등)에 대한 지식에 빗댈 수 있는 것처럼 취급하는 것은 근본적으로 잘못되었다 주장하였다. 즉 너의 진리, 또는 나와 너의 진리는 인격체들의 세계를 의미하는 것인데 이는 계시가 인격성을 가진 사람에게 하사되는 은혜로 하나님을 인격적으로 만나게 해주기 때문이라 하였다.

브루너가 그처럼 계시를 높이면서 동시에 인격성을 부여한 것은 그가 극적인 계시의 체험을 여러 번 했기 때문일 것이다. 그렇지 않고서는 계시의 개념을 그처럼 집요하게 파고들 수 없다.

"기독교의 본질은 하나님과 인간이 만나는 만남의 사건성에 있다. 하나님에 대한 지식은 그것이 객체들의 수준을 초월하여 객체들의 지식에 내재 되어 있는 [주체-객체]의 이원론을 극복하고 대신 인격적 결단과 반응, 그리고 헌신을 요구한다는 의미에서 인격적이다.

진리는 하나님이 말씀하시고 인간이 반응함으로써 생겨나는 하나님과 인간 사이의 만남이라는 위기 속에서 발생하는 것이다.(이 위기가 위기신학의 개념으로 말한 것이 아니기를 바란다) 이 진리는 하나님의 인격적 요청으로서 다가온다. 그러므로 그것은 성찰의 결과에서 나온 어떤 진리가 아니다. 따라서 나로 하여금 직접적으로 대답하게 하는 진리이다."

그에 관한 설명을 더 들어본다.

"하나님의 지식을 객체들에 대한 지식에 빗댈 수 있는 것처럼 취급하는 신학은 어떤 것이든 근본적으로 잘못되었다. 기독교의 본질은 하나님과 인간이 만나는 만남의 사건성에 있다. 하나님에 대한 지식은 그것이 객체들의 수준을 초월하여 객체들에 대한 지식에 내재되어 있는 주체-객체의 이원론을 극복하고 대신 인격적 결단과 반응 그리고 헌신을 요구한다는 의미에서 인격적이다."

계시가 인격적이며 만남의 사건이라는 것을 가장 멋지고 독특하게 표현한 것은 다음의 발언이 아닌가 생각된다.

"하나님은 <u>계시를 통하여</u> 뭔가를 전달하시는 것이 아니라 <u>자기 자신을 전달</u>한다는 것이다."

나는 그의 발언에 전적으로 동감한다. 그것은 나 역시 계시를 통한 하나님의 인격을 여러 번 체험했기 때문이다. 하지만 브루너의 이러한 견해에 대하여 비판하기를 '그 인격체에 대하여 뭔가를 알 수 없는데 그 인격체 자체가 전달할 수 있겠느냐'는 것이다. 그런 비판은 아직 하나님의 말씀을 계시로 체험하지 못했기 때문이다.

브루너가 말한 계시를 내가 체험한 것은 신혼 무렵인 1980년 7월 여름의 어느 날 오전이었다. 황송하게도 내가 말씀을 계시로 받았을 때, 나는 즉각적으로 하나님이 살아계시다는 것, 하나님이 말씀으로 자신을 계시하신다는 것, 하나님이 개인적으로 나를 사랑하시는 나의 아버지, 나의 하나님이라는 것을 알았다. 참으로 하나님 자신을 알게 된 것은 말씀의 명제 "조금도 두려워하지 말라"는 명제와는 다른 차원이었다. 그것은 브루너의 말처럼 나에게 엄청난 사건이었고 그래서 결코 잊을 수 없는 사건이었다. 그 후 나에게 계시의 말씀은 종종 다가왔다.

한 번은 세상사의 근심에 짓눌려 아무런 출구가 보이지 않을 때였는데 삼십여 분 진실된 기도를 드린 직후 계시가 섬광처럼 다가왔다.

"내 권능은 약한 자 안에서 완전히 드러난다."

사도 바울이 가시로 찌르는 고통이 떠나가길 세 번 기도했을 때, 세 번 동일하게 주신 말씀이었다. 그런데 그것은 현재의 고통으로부터 구원을 약속하시는 것은 아니었다. 그럼에도 그 말씀을 통하여 하나님의 사랑과 신실하심과 권능과 주권이 확신으로 다가왔다. 나는 불안으로부터 즉각 벗어났고 기쁨으로 미래를 기대할 수 있었다. 하나님은 그런 계시들을 통하여 다시금 나에게 하나님 자신의 인격을 열어 보여주신 것이다. 물론 나의 경험에서 '두려움으로부터의 해방'과 '하나님의 권능'이란 명제가 있기는 하지만 그 명제에 우선하는 것은 하나님의 인격과 나의 인격이 만났다는 점이다. 이 계시적 만남에 대해 브루너는 보다 상세한 설명을 하고 있다.

"비명제적 계시의 형태는 두 가지 사건으로 발생한다. 역사적으로는 예수 그리스도 안에서 하나님이 성육하신 사건 속에서, 그리고 현재적으로는 신자를 그리스도와 동시대인으로 만드는 예수 그리스도에 대한 성령의 내적증거(testimonium spiritus intemum)안에서 발생한다."

전자는 말씀이 아닌 성육신의 사건을 통해 계시가 명제를 초월한다는 것이고, 후자는 신자의 내면에 활동하시는 성령의 역사와 개인적인 만남을 이르는 것이다. 후자 역시 명제의 차원을 넘어서 하나님의 인격이신 그리스도가 증거되고 전달된다. 하지만 계시의 명제는 그대로 남는다. 브루너는 다소 과격하게 만남의 사건, 계시의 진리가 일으키는 개념을 설명한다.

"만남으로서의 진리는 어떤 것에 대한 진리가 아니며, 어떤 지적인 것, 즉 사상들에 대한 진리도 아니다. 그것은 진리와 지성에 대한 비인격적 개념을 산산이 부서뜨리는 진리, 즉 나-너라는 형태로만 적절히 표현될 수 있는 진리이다. 신적, 초월적, 절대적인 그것을 표시하기 위하여 비인격적인 용어들을 사용한다면 여하한 것이라도 그것에 대하여, 그분에 대하여 말하려는 외로운 자아의 생각이 만들어 낸 부적절한 방법임에 틀림이 없다."

성령에 대한 인식

대부분 신학자들, 특히 자유주의 신학자들이 성령의 독특하고도 전반적인 활동에 대하여 침묵하고 있는데 반해 브루너가 이를 명확하게 설명하고 있음은 매우 반갑다. 그가 반복해서 주장하는 만남의 진리는 오로지 성령을 통해서 이루어진다.

"오직 성령의 이 말씀 안에서만 예수 그리스도 안에서의 하나님의 계시는 인간에 대한 현실적이고 실제적인 하나님이 말씀이 된다."

이천 년 전에 하나님의 자기 계시로 오신 예수 그리스도의 입술을 통해 직접적으로 선포되었던 말씀이 나와 관계하는 것으로써의 계시, 그것이 성령을 통해서 현실이 된다는 것이다. 예수께서는 성령의 역할을 통해 상세히 언명하셨고 사도 요한은 이를 상세히 기록하였다.(요16:13-15)

또한 위에서 인용하였던 "신자를 그리스도와 동시대인으로 만드는 예수 그리스도에 대한 성령의 내적증거"라는 발언도 매우 귀중하다. 브루너는 그처럼 명확한 성령의 역할에 대한 이해와 계시의 현재적이고 실제적인 특성에 대하여 다음처럼 말한다.

"그 안에서만 역사적 계시라고는 하지만 비유적 언어인 '하나님께서 말씀하셨다.'가 문자적으로 받아들일 수 있는 '하나님이 말씀하신다.'가 된다."

예전에 선포되고 기록된 과거완료형인 "말씀하셨다."가 현재 진행형인 "말씀하신다"라고 진술할 수 있다는 것, 사실 이것은 진실된 그리스도인에게 빈번한 체험이어야 하지만 이것이 신학자들에게서 매우 특별해 보인다는 것은 안타깝다.

성경 인식론

그가 하나님이 비명제적 계시를 최상위개념으로 인식한 것은 올바르다. 하지만 그러다보니 기록된 계시인 성경의 권위와 그에 대한 교회의 전통적 가르침에 맞서는 위태로운 진술들을 개진했다. 또한 성경을 모두 동일한 하나님의 계시로 보지 않고 인위적으로 구분하는 겸손치 못한 모습을 보였다. 특히 사도들의 서신을 2차적이며 비판과 수정을 가할 수 있다 함으로써 혼란을 유발시켰다. AD 397년 카르타고 공의회에서 지금 우리가 쓰고 있는 66권을 정경으로 결정했는데 이의 진정성을 의심한다는 것은 심각하다. 우리는 누구든지 교회에 성령께서 임재하시면서 교회를 교회되게 인도하신다는 믿음을 가져야 한다. 교회의 가장 중요한 근거인 성경을 사람이 마음대로 재단할 수 있다고 생각하는 것은 커다란 오만이 아닐 수 없다. 따라서 [성경은 하나님의 계시이다.]라는 절대적인 명제를 한 개인이 뒤흔들 수는 없다. 성경에 대한 그의 사시적인 시각은 다음의 진술에서 드러난다.

"성경은-무엇보다도 먼저 사도들이 그리스도에 대해 증거한 것인데- 그것은 그리스도가 누워있는 구유(루터)이다." 그것은 하나님의 성령으로 영감된 '말씀'이다. 그러나 동시에 그것은 인간의 메시지이다. 그것의 '인간적 성격'이란 인간적인 모든 것의 연약함과 불완전함에 의하여 영향을 받고 있음을 의미 한다."

성경에 대한 다소 시적인 표현 "그리스도가 누워있는 구유" 는 루터가 함축적인 의미를 품은 시어의 형식으로 보다 많은 의미를 내포하기 위한 의도였을 것이다. 하지만 에밀 브루너는 그것을 사도들의 서간문을 진리로 보지 않고 다만 진리를 위한 하나의 토대로만 보려 했다. 그처럼 정경에 포함된 서간문의 축자적 영감계시의 부인을 명시적으로 자신의 저술에 기록으로 남겼다는 것은 브루너 신학의 오점이다. 성경의 권위를 매우 높게 보면서도 그의 진정성을 선택적으로 보았다는 것, 그것도 자신의 마음속에 의구심으로 남아있는 정도가 아니라 이를 확언했다는 것은 불행스럽다.

우리는 성경을 대하면서 문득 브루너가 품었던 의구심이 드는 대목을 만날 수 있다. 하지만 하나님이 요구하시는 겸손을 배운 자라면 먼저 자신의 부족함과 무지를 돌아보아야 한다. 자신이 마음에 들지 않거나 이해가 되지 않는다고 하여 성경의 진정성을 문제삼으면 안 된다.

"예수 그리스도 그분만이 궁극적인 권위이므로 성경의 말씀은 최종적인 심판대가 아니다. 그러나 우리가 성경의 교리를 검증하는 동안에도 우리는 성경의 범위를 떠나지 않는다. 그것이 하나의 권위이기 때문이 아니라, 절대적인 권위를 소유하고 있는 모든 진리의 근거이기 때문이다."

브루너의 말 성경이 "절대적인 권위를 소유하고 있는 모든 진리의 근거"라고 믿는다면 거기에 승복해야 하는데 그는 다른 말을 하고 있다.

칼 바르트와의 논쟁, 예정에 대한 분명한 자기 목소리
바르트는 선택과 예정론에 대하여 일관되지 못했다. 그가 50세에 이르기 까지만 해도 교회의 선택과 예정론을 따랐다. 하나님의 선택이 특정인에게 한정되고 그 외에는 유기된다는 것, 그것은 하나님의 초월성과 자유로움에 의한 것으로 모든 것을 뜻하신 대로 결정하시는 하나님의 절대주권에 속하는 것이라는 점에 다른 주장을 하지 않았다. 하지만 노년이 된 67세 이후에는 하나님의 사랑의 특성을 강조한 나머지 만민화해론을 주창하였다. 사랑의 하나님이 특정한 사람에게만 은혜를 베풀어 구원하시고, 그 외 믿지 않는 자들과 불의한 자들을 심판하여 영원한 형벌에 처한다는 것은 사랑과 정의의 균형을 상실하는 것이라 하였다. 바르트는 그러면서도 만민화해론이 만민구원론(보편구원론)과는 다르다는 궁색한 변명을 하였다.

브루너는 이의 문제점을 신랄하게 공격하였다. 그러잖아도 두 사람 사이가 좋지 않아 서로의 문제점을 공박하는 관계였으므로 묵과할 수 없었을 것이다. 브루너의 다음 발언을 보면 이해가 된다.

"예수 그리스도를 믿는다는 것과 선민에 속한다는 것은 한 가지로 동일한 것이다. 마치 예수 그리스도를 믿지 않는 것과 선민에 속하지 않는 것이 한 가지인 것처럼, 이외의 다른 선택이란 없으며, 믿느냐 믿지 않느냐에 의하여 선정된 선민의 수 외에 다른 숫자는 없다."

백번 지당한 주장이며 그것이 보수적인 교회의 기본적인 신앙토대이다. 그것은 예수께서 말씀하신 양과 염소의 구분과 일치한다. 그에 반해 바르트의 만민화해론 보편구원론은 매우 비성경적일 뿐만 아니라 성경의 기본진리를 뒤엎는 것이다. 예수께서 나그네를 영접하는 것이 나를 영접하는 것이라는 비유의 말씀 말미에 "그들은(예수님을 영접하지 않는 자) 영벌에, 의인들은 영생에 들어가리라.(마25:46)"라고 선언하셨다. 구원의 대전제요, 심판의 핵심 개념이다. 그런데 사랑의 하나님이시므로 영벌이 없고, 십자가를 통해 모든 사람이 하나님과 화해했다는 것은 바른 분별력을 가진 사람이 할 수 있는 발언이 아니다.

물론 예수 그리스도의 십자가로 만민구원의 길이 활짝 열렸음은 확실하다. 그럼에도 십자가에 달리셨던 예수 그리스도를 믿지 않고 배척한다면 화해의 여지는 없다. 오늘 믿는 이보다 믿지 않는 자의 수가 훨씬 많고, 더욱이 우상숭배자들의 수가 빠른 속도로 증가하는 실정이다. 그에 더하여 신앙인 중에도 '주여, 주여'하는 자가 아니라 진실되게 믿음을 실천하는 자들은 많아 보이지 않는다. 그렇다면 바르트의 만민화해, 만민구원은 한낱 꿈같은 소리일 뿐이다.

브루너는 일찍이 그의 교의학을 통해 바르트의 선택교리에 대하여 매우 비판적이었다. 바르트의 논리는 결국 보편구원론으로 흐를 수밖에 없다는 점을 예견했다. 아무리 화해의 길이 열렸다 해도 예수 그리스도를 택할지의 여부는 개인의 결단에 달렸다는 것을 바르트가 간과하고 있음을 보았던 것이다.

맺으며

그는 하나님의 계시를 전통적인 이해에 머물지 않고 성경 위에 높이 받들어 올렸다. 또한 계시가 하나님과 인간의 인격적이고 개인적인 만남임을 중시했다. 그런 인식이 그의 개인적인 체험, 즉 하나님으로부터 자신에게 임했던 계시가 주었던 충격과 환희에 기반을 둔 것임은 틀림이 없고 그것은 매우 소중한 것이었다.

그럼에도 그는 하나님의 계시인 성경을 사람이 선택적으로 받아들이도록 제한을 둠으로써 성경의 절대 계시성을 훼손했다. 아무리 많은 이들에게 존경을 받을만한 업적을 거둔 이라 하더라도 인간의 차원을 넘어선 '하나님 계시이자 교회의 절대 근거인 성경'을 재단하려 든다는 것은 오만이다. 그를 조명하면서 스탠리 그랜츠(Stanley Granz)는 보수주의자들과 자유주의자들 각각에게 브루너가 주는 유익이 무엇인가를 정리했다.

"보수주의자들은 그에게서 하나님의 계시와 성경을 동등시 하는 것을 피하고 계시를 보다 인격적으로 이해해야 함을 배 운다.

아울러 자유주의자들은 계시를 인간 최고의 사상들과 동등 시하는 것을 피하고 하나님과 인간의 만남 속에서 인간 이성 의 한계를 돌파하는, 하나님의 초월적인 말씀에 열려있어야 한다."

순교로 참된 제자도를 보여준 디트리히 본회퍼

디트리히 본회퍼(Dietrich Bonhoeffer1906-1945)가 타계한 후 46년이 지난 어느 날, 나는 "창조 타락 유혹"이란 문고판 한 권을 샀다. 당시 오직 하나님을 붙들고 사방으로부터 조여오는 삶의 위기와 싸우던 중이었다. 날카로운 통찰력으로 성경의 진리를 파고 들어가는 그의 글들은 내가 한 번도 생각해보지 못했던 깊은 세계였다. 그럼에도 그의 글이 의도하는 바를 알기 위해 많이 노력했는데 35년이 지난 지금 생각하면 그 때 본회퍼를 만난 것이 '은총'이었다. 본회퍼에 관해 전혀 알지 못했고 목차와 몇 줄의 글을 훑어보고 그 책의 구매를 결정했던 것이다.

특히 유혹(시험)의 부분에서 그리스도인들이 날마다 "우리를 시험에 들게 하지 마시길" 간구하지만 시험을 통과해야만 한다는 것에 많은 공감을 했다. 당시 나의 고달팠던 생활도 하나님의 혹독한 연단이었고 시험이었다. 불같은 연단과 시험을 통해 처절히 겸손을 배울 수 있었다. 본회퍼의 말대로 "철저히 무장해제된 자로" "오직 하나님만 바라볼 수 밖에 없는 상태"에서 나의 믿음은 생겨나고 있었다.

그런 본회퍼는 세월이 흐르면서 잊혀지기는 커녕 오히려 신학자들, 목회자들, 진실한 성도들에게 본 받아야 할 매우 중요한 인물로 여겨지고 있다.

본회퍼는 신경학 권위자였던 대학 교수의 아들로 태어났다. 외가쪽이 신앙의 명가였는데 외증조부인 칸 아우수그터 판 하세는 19세기 탁월한 교회사가였고 외조부 칸 알프레트는 당시 황제를 위한 목사였으며, 어머니와 유모로부터 무릎 신앙교육을 받으며 컸다. 또한 그 외, 친가 쪽도 몇 명의 자랑할만한 신학자들을 배출했다. 그는 12세 되던 해부터 이미 신학책들을 흥미 있게 읽기 시작했으며 17세에 튜빙겐에서 공부했고 18세에는 베를린의 하르낙, 칸 홀 라인홀트, 제제르크 등의 문하에서 수학. 24세에 교수 취임논문이 통과되어 베를린대학의 조직신학 전임 강사가 되었다.

'성숙한 세계'를 벗어난 그리스도의 제자도

그는 '하나님의 자기 계시'와 인간이 신에게 도달하려고 하는 '자력 종교'를 철저히 대비시켜야 한다고 생각했다. 아울러 활동 초기부터 칼 바르트 사상의 급진성을 배격하면서 그리스도의 현존이라는 문제와 한층 씨름하는 중에 바르트의 사상과 격차를 벌려 나갔다.

당시의 자유주의 신학자들이 성숙한 '단계'에 와 있다면서 계시에만 매어달리지 말고 인간이성의 능력을 최대한 활용할 필요가 있다고 했는데 그런 때야말로 진정한 그리스도의 제자도가 필요하다는 것을 주장하였다. 당시의 신학계에 '무르익어가는 세계의 성숙도'에 기독교의 메시지를 맞춰보려는 여러 시도들이 있지만 본회퍼가 보기에 어불성설이라 판단했다. 은혜를 벗어나 인간 이성으로 진리를 추구하려는 어설픈 모든 시도는 명백히 한계를 가진 것이었다. 그들은 이내 인간의 연약함과 추악함이 들추어 보여진 후에야 비로소 죄인임을 알게 될 것이라 내다보았다.

그런 만큼 본회퍼는 그리스도의 성령을 철저히 의지하며 소위 성숙한 세계를 복음에 기초하여 그리스도의 빛 아래에서만 이해할 수 있다 생각하였다. 그는 형식만 남은 종교성이 배제된 기독교를 배제하고, 그리스도의 참된 제자가 되기 위하여 어찌해야 하는가를 파고 들었다.

거룩한 세속

그가 기독교적 세속을 부르짖었던 것은 이러한 기독론적 공식을 제자로서 사는 것에 적용하기 위한 것이었다. 이 세상으로부터 빠져나와서 경건한 영지로 숨어 종교적인 개인의 내면세계를 구축하고자 하거나, 종교를 삶의 다른 여러 국면이나 활동 중의 하나로만 보려는 것은 유혹이라 보았다. 가톨릭에서 세상을 벗어나 수도원이나 수녀원으로 들어가 중보기도와 수행을 통하여 세상을 위해 봉사한다는 것을 비판한 것이다. 따라서 교회는 마을과 도시의 한 가운데 서야 하며 그리스도인의 삶은 이 세상에서 사는 삶이어야 한다 생각했다.

"우리는 이 세상의 구석구석에 스며들도록 이 세상의 잔을 마셔야 한다. 그렇게 할 때만 십자가에 달리시고 부활하신 주께서 우리와 함께 하실 것이기 때문이다."

그러한 삶이 예수 그리스도께서 보여주신 생활이었고 예수께서 제자들을 훈련하신 목표였다. 세상과 동떨어져서는 세상의 빛이 될 수 없고 소금이 될 수 없으며 어두워진 동네를 비출 수 없다. 그것은 등불을 켜서 됫박으로 덮어두는 것이었다. 그것이 다음의 글에 잘 드러나 있다.

"한 사람이 무엇을 배우는 때는 이 세상에서 철저히 살아가고 있을 때이다. 그는 자신을 어떤 종교적 존재로 부르려는 여하한 시도도 배격해야 한다. 종교적 너울을 벗어 버리는 것, 즉 주어진 삶을 태연히 살아가는 것이 세속 또는 세상적으로됨의 의미이다. 바로 이러한 삶 속에서 우리는 우리의 삶을 철저히 하나님의 품으로 내던져 이 세상에서 그의 고통에 함께 참여해야 한다. 그리스도는 인간을 선하게 할 뿐 아니라 또한 강하게도 하신다."

그는 그리스도인이 반드시 가난해야 하고 고난을 받아야 하는 것으로 주장하지 않았다.

"나는 우리에게 허락된 삶 속에서, 또한 하나님이 우리에게 내려주신 복 속에서 하나님과 그리스도의 마음으로 사랑해야 한다 확신한다. 만일 하나님이 분에 넘치는 복을 기쁨으로 베

풀어 주신다면 우리가 하나님보다 더 경건해져서 그러한 복을 사양할 필요는 없다. 그리되면 우리의 오만함으로 하나님의 복을 욕되게 하는 것이 된다."

만일 세상적인 기준의 복을 하나님께서 하락하신다면 그것을 마다할 필요가 없다는 것은 매우 현실적인 것이다. "부하게도 하시고 가난하게도 하시는 하나님"은 경우에 따라 거부가 되게도 하시고 고상한 지위와 권세를 갖게도 하실 수 있는데 그런 환경들을 어떻게 사용하는가가 관건이라는 것이다.

초월과 내재의 동시적인 하나님

"초월하시는 하나님이란 이 세상 가운데 계시지만 이 세상 너머에 계시는 이, 제2의 궁극적 세계에 의미를 부여하는 궁극자의 실재, 신자나 교회로 하여금 그들이 이 세상에 존재하는 사명을 감당할 수 있도록 지탱해 주는 은밀한 제자도로 나타나는 그분의 임재이다."

그에게 있어서 초월이란 "우리가 범접할 수 없고 우리의 힘으로 미칠 수 없는 과업들을 말하는 것이 아니라 우리가 손을 내밀면 닿을 수 있는 가장 가까운 곳에 계시는 당신이다. 그리스도는 인간의 모습으로 오신 하나님이며 다른 사람들을 위하여 존재하는 인간, 즉 십자가에 달리신 분이다."

하나님께서 지극히 높고 위대한 분이긴 해도 우리와 가까이 계시는 분, 아버지로써의 하나님, 주님으로서의 하나님임을 역설하고 있다. 슐라이에르마허(Schleiermacher)가 하나님을 하나님이라 하지 못하고 '절대감정의 원인'이라거나 그리스도의 부활을 인정하지 못했던 루돌프 불트만(Rudolf Bultmann), 교회를 거의 출석하지 않으면서 예수 그리스도의 신성을 부인했던 폴 틸리히(Faul Tillich)는 그런 세계를 알지 못했다.

스탠리 그랜츠는 본회퍼에 대한 극찬을 아끼지 않았다.

"그럼에도 본회퍼는 초월, 기독교, 제자도 등의 주제들을 더 확장시키고 체계화하며 살을 붙이지 못하고 생을 마감했다. 하지만 그 주제들을 그의 삶과 죽음을 통하여 체현함으로써 훗날 그가 남겼을 어떠한 논문보다 더 심오하고 더 실감나는 신학적 방향성의 심연을 제시하고 갔다. 세상 속에서 하나님의 고난에 진정으로 참여하는 급진적 제자도의 삶이라는 과업을 완수하기 위하여 생명을 희생한 본회퍼는 후학들에게 그가 세운 기초 위에 조직 신학적 구조물을 세우는 과업을 유업으로 남겨준 것이다.(20세기 신학 중에서)"

종말론적인 신앙

본회퍼는 나를 따르라는 그의 저서에서 고린도 후서 3:18절을 주목했다.

"우리가 다 수건을 벗은 얼굴로 거울을 보는 것 같이 주의 영광을 보매 그와 같은 형상으로 변화하여 영광에서 영광에 이르니, 곧 주의 영으로 말미암음이니라."

본회퍼는 그와 같은 형상으로 변화(tramsform into his same image)된다는 것에 주목했다. 하나님의 형상으로 이 땅에 오셨고 부활하셔서 그 본래의 형상을 회복하셨던 예수 그리스도와 똑같이 변화될 것이라는 것을 확신했다.(나를 따르라353p)

그는 그 이전에 하나님의 형상을 닮은 인간이란 점에 주목했는데 "하나님은 아담 안에서 자기 자신을 발견하셨다. 인간은 피조물임에도 불구하고 창조주를 닮아갈 것이라는 사실은 처음부터 풀기 어려운 인간의 신비. ...우리는 이를 순종 가운데서 받아들여야 한다."라고 하면서 잃어버린 하나님의 형상을 회복시켜 주러 오신 그리스도를 주목해야 한다 했다.(나를 따르라 중에서)

"하나님은 두 번째로 피조물 안에 자신이 형상을 창조하기를 원하신다. 하나님은 자신이 피조물로 인해 다시 기뻐하기를 원하신다. 하나님은 피조물을 사랑하시기 위해 그에게서 자신의 형상을 찾으신다. ... 하나님이 인간의 형상을 닮아야 하는 것은(성육신) 인간이 더는 하나님의 형상을 닮을 수 없기 때문이다.(나를 따르라 중에서)"

본회퍼는 예리하게 형상론을 펼쳤고 그것이 확고한 소망의 신앙으로 이어졌으며 이는 순명의 순교로 결말지어졌다. 그는 그처럼 그리스도를 따랐기에 "오직 자신이 따르는 자만"을 바라보았다. 그런 고백 속에서 "너희는 하나님을 본받는 자가 되라(엡5:1)"라는 말씀이 지시하는 바가 무엇인지가 명확해진다. 그런 소망이 곧 종말론적인 신앙이며 그 신앙을 몸으로 겪어내는 삶이 되었고 죽음이 되었다.

맺으며

참된 제자도가 무엇인지를 죽음을 통해 웅변적으로 보여주었던 본회퍼의 생애와 그 사상을 대하면서 나의 철저하지 못했던 순종과 믿음의 이해를 다시금 돌아본다. 전 세계적으로 코로나 펜데믹이 기승을 부리며 좀처럼 끝을 알 수가 없는 지금, 이때야말로 주의 임박한 재림을 바라보며 그리스도의 제자된 자세를 바로잡아야 한다. 종말은 재난만을 의미하는 것이 아니라 그리스도처럼 영광스럽게 변화하는 것을 의미한다. 언제 그 날이 닥치더라도 본회퍼처럼 초연히 맞이할 수 있어야만 한다.

비존재의 불안을 극복하지 못한 자의적 신학자, 폴 틸리히

폴 틸리히(Faul Tillich 1886-1965)는 베를린 근교 루터파 목사의 가정에 태어났다. 여덟 살 때부터 신학과 철학에 관심을 가질 정도로 대단한 정신적 조숙함을 보였다. 그는 18세에 목회의 비전을 가지고 신학을 공부하기 시작, 25세가 되었을 때 독일 신학분야의 최고권위인 신학전문직 학위를 받으면서 대학교수의 발을 내디딘다. 틸리히는 베를린대학교의 교수로 있으면서 급진적인 사회주의 정치활동에 가담했으며 그와 관련한 '사회주의자의 결단'이란 저서를 출간하기도 했다. 이후 프랑쿠프르트대학에서 철학 교수로 있으면서 나치와 공공연한 갈등을 겪었는데 1933년에는 공개적으로 그의 책이 불살라지기도 했다. 그는 고국에 남아있을 형편이 안된다는 것을 알았고 마침 미국 콜롬비아대학교와 유니온신학교의 초청을 받아 결국 미국시민이 된다. 유니온신학교에서 정년 퇴임한 틸리히는 하버드대학교에서 석좌교수로 초빙되어 철학이나 신학 어느 것이든 그가 원하는 것을 가르칠 수 있었다.

틸리히는 20세기 신학자들 가운데 지성인들을 위한 사도라 일컬어지기도 했으며, 칼 바르트에 필적할만한 방대한 신학 체계를 창출했다는 평가를 받기도 한다.

세속사회의 갈채도 많이 받았다. 그가 하버드대학의 석좌교수로 있는 동안 그의 강의는 엄청난 인기가 있었다고 한다. 강의 한 시간 전부터 자리를 확보하려고 몰려든 수많은 학생들이 강의실을 메웠고 그가 걸어가는 모습을 보기 위하여 학생들은 그가 걸어가는 교내 보도에 양편으로 늘어설 정도였다.

틸리히의 신학

그의 신학이 가진 전제는 변증적이어야 한다는 것이다. 현대인들이 가진 실존적인 문제들에 대하여 현대적 상황에 맞게 그 개념들을 형성하고 잘 전달해야 한다고 믿었다. 일방적으로 기독교 메시지를 던지려는 근본주의, 케리그마적 신학들에 대하여 그는 매우 비판적이었다. 대답하는 신학, 기독교 진리의 독특성을 유지하되 현대의 지성적인 요구와 조화시킬 수 있어야 한다는 것이다. 그의 그런 관점은 세속 사람들과 부딪히지 않고 좋은 관계를 유지하는 토대가 되었다. 그 결과 미국에서 '가장 위대한 지성들 가운데 한 사람'이라는 인정을 받기도 했으며 1959년 3월에는 타임지 표지에 인물사진이 실리기도 했고, 존 케네디 대통령 취임식 단상에 배석하기도 했다.

그는 철학을 먼저 배워 그 영향을 많이 받았다. 그리하여 철학이 신학에서 결정적인 역할을 해야 하고 철학은 신학을 하는 데 없어서는 안될 것이라 믿었다. 또한 철학의 존재론은 신학에 유용하며 실재에 대한 접근 방법에서 실재는 그 자체가 목적이 된다고 판단했다.

무언가 존재한다는 것은 무엇인가? 보이는 것들 이면에 궁극적으로 실재하는 것은 무엇인가? 그 구조는 무엇인가? 모든 보이는 것들 이면에 궁극적으로 실재하는 것은 무엇인가? 존재하고 있는 모든 특정의 사물들 이면에 있는 존재 그 자체는 무엇인가? 하는 존재론적 질문들을 제기하였다.

그처럼 존재론적인 문제들과 씨름하다보니 당연히 비존재에 대하여도 언명하지 않을 수 없었다. 인간의 실존을 위협하는 죽음은 한순간에 인간을 비존재의 나락으로 떨어뜨릴 수 있기 때문이다. 틸리히는 그런 인간의 덧없음과 허무로부터 어떻게 자유로울 수 있는가를 끊임없이 파고들었다.

"비존재는 비존재의 위협을 극복하고 유한한 존재들을 떠받치며 그들을 유지시켜 주는 존재의 힘이라는 것이 무엇인가에 대한 질문을 제기한다. 그러한 힘은 유한할 수 없으며 존재 자체이거나 존재의 근거이어야 한다. 이러한 존재론적인 질문이 없이는 신학이 제시하는 답으로써의 하나님은 이해될 수 없다. 또한 인간의 유한성을 깨닫게 하는 불안, 빈 존재의 위협이 주는 충격을 경험한 사람들만이 비로소 하나님이라는 말의 의미가 무엇인지 이해할 수 있다."

하지만 그는 끝내 그 불안을 떨쳐버리지 못했다. 그가 모든 인간적인 방법을 포기하고 절대자이며 존재의 근원이신 하나님 앞에 무릎 꿇었다면 하는 아쉬움이 있다. 철학 이전에 신학자로서 당연히 하나님의 절대적인 현존 앞에서 겸허히 엎드렸다면, 그리하여 계시의 말씀을 붙들고 인간 보편의 비존재의 문제에 대한 해답을 구하려 했다면, 그는 결코 비존재의 위협으로 인해 우울하지 않았을 것이다.

상관의 방법

그가 신뢰했던 철학과 신학의 보완과 상관, 존재론적이고 철학적인 질문에 대하여 신학은 적절히 답변할 수 있을까? 그러나 틸리히는 초자연적이고 신앙적인 접근이 부적절하다 하여 의도적으로 무시했다. 그는 자연주의적 또는 인본주의적 방법을 통해 인간의 자연적 상태로부터 신학적 답변을 끌어내려 시도한다.

왜 그랬나? 그런 존재론적 불안으로 시달리는 인생들을 위하여 하나님은 성경을 통하여 그 방법과 원리들을 계시해 놓았는데 왜 면밀히 이를 면밀히 살피지 않고 인간적인 방법으로만 접근하려 했는가. 그는 "이성이 계시에 대하여 저항하지 않으며 계시는 이성의 재건을 의미하기 때문에 이성은 오히려 계시를 요청한다" 말한 적이 있다. 그럼에도 정작 그 계시를 깊이 들여다보지 않았다. 자연주의적이며, 인본주의적인 방법인 감정 이성 의심 과학 역사 등은 자유주의 신학자들이 전형적으로 따르는 것 아닌가?

토마스 아퀴나스는 두 가지 종류의 신학적 답변을 가정한다. 그 하나는 하나님의 존재를 자연만으로 도출할 수 있는 방법이 하나 있는데 이는 자연 속에 담겨있는 아름답고 정밀하게 짜여 있는 섭리를 일컫는다. 또 하나는 초자연적으로 계시되어야만 하는 것으로 성경에 나타나 있는 초자연적인 거대 사건들을 통해 하나님의 존재를 인식할 수 있다."라고 했다.

하지만 틸리히는 이런 것들을 배제하고 상관의 방법을 제시했다.

"철학은 인간 존재에 대한 주의 깊은 검토 끝에 본질적인 질문을 던진다. 이에 대하여 신학은 철학이 답할 수 없는 문제에 답해야 한다. 하지만 그것이 인식론적으로 불가능할 때 신적계시의 상징들에 의존한다. 물론 그 과정에서 질문과 답변을 상호 연관시키는데 다만 실존주의적 관심에 대하여 말하는 것으로 표현해야 한다. 기독교 메시지에 충실하면서도 현대의 세속인들이 이해할 수 있게 해야 한다.

하나님이라는 말이 조직신학에서 존재 안에 암시된 비존재의 위협(죽음)과 상관되어 나타날 때 하나님은 비존재의 위협을 물리치는 존재의 무한한 힘으로 불려야 한다. 고전적 신학에서는 이것을 존재 그 자체라고 한다."

나름대로 일리가 있지만 그는 단순한 것을 모호하게 늘어놓았다. 그런 모호성이 그 자신뿐만 아니라 그의 말과 글을 대하는 이들에게 장애물이 됨은 물론이다. 우리가 하나님을 개인적으로 만날 때 틸리히가 말하는 비존재의 위협, 죽음의 어두운 그림자는 일거에 사라져 버린다. 그것은 하나님의 자기계시인 예수 그리스도를 믿는 것이고, 그 안에 사는 것이며, 그가 나의 주인임을 진정으로 고백할 때 일어난다.

계시의 이해

"나사렛의 예수가 그리스도로서의 예수를 위하여 희생되었음을 주장하지 않는 기독교는 여타의 다른 종교들 가운데 하나에 불과하다."

이렇게까지 기독교의 본질, 즉 그리스도의 십자가가 가진 핵심적인 통찰을 보였음에도 비존재의 불안을 떨쳐버리지 못했다는 것을 어떻게 설명할 수 있을까? 그의 지식에 일상적인 행동이 따르지 않은 때문이라 말할 수밖에 없다. 그것은 또한 그의 진술이 성령의 내적 계시에 의한 것이 아니어서 명확한 확신을 가지지 못한 때문일 것이다. 성령께서 주시는 깨달음(내적 계시)은 한 가지 명제뿐 아니라 그 언저리까지를 포함하며 그 명확성과 확신의 정도가 대단해서 쉽사리 변경하거나 타협할 수 없다. 그런가 하면 그는 궤변에 가까운 발언도 서슴지 않았다.

"하나님은 존재하지 않는다. 그는 본질과 존재를 넘어선 존재 그 자체이다. 그러므로 하나님이 존재한다고 주장하는 것은 그를 부인하는 것이다."

일종의 비틀기이긴 하나 그가 진정 하나님을 경외한다면 "하
나님이 존재하지 않는다"라는 표현을 서슴지 않을 수 있을까?
본질과 존재의 차원을 넘어선 하나님의 초월성을 제대로 인식
하지 못한다면 그것은 하나님을 바르게 아는 것이 아니라는 것
이 그 발언의 의도일 것이다. 하지만 그가 '하나님이 존재하지
않는다'라고 표현한 것은 금기를 넘어섰다.

아울러 틸리히는 [하나님 위의 하나님]이란 표현을 통해 우
주 안에 내재하신 하나님 그 너머에 초월하여 계신 하나님을
설명하고자 했다. 초월과 내재의 이분법적 인식에 따른 것이
다. 하지만 하나님을 세상 안의 하나님과 세상 밖의 하나님으
로 구분하여 생각한다는 것은 적절하지 않으며 하나님 편재의
속성을 생각할 때 공연한 논리이다. 그런 논리가 신인식의 모호
성을 만들어내는데 그러기에 틸리히는 창조 개시를 하나의 설
화처럼 생각하여 이를 문자적으로 받아들여서는 안된다 했다.

창세기가 열리면서 "태초에 하나님이 천지를 창조하시니라."라

는 위대한 선언을 확신으로 받아들이지 않은 것은 그가 성경에 대하여 전반적으로 모호한 입장을 취했기 때문이다. 우리가 창세기의 그 선언을 '진정하고 위대한 창조 계시'로 받아들인다면 그로 인한 만족과 기쁨은 대단할 수밖에 없다. 왜냐하면 우리가 아버지로 모시는 그 하나님에 대한 자긍심이 확신의 깊이만큼 확대되기 때문이다. 그런 기쁨을 평생 신학을 한 사람이 공유하지 못한다는 것은 불행하다. 그가 교육자였으므로 그런 불신앙의 바이러스는 많은 이들에게 영향을 주었을 것이다.

그 자신, 계시의 확실성에 대해 말하기를 "궁극적 관심이 대상이 되는 진리, 곧 모든 의미 있는 의식적 행위가 가지는 위험성과 불확실성까지도 포함하고 용인한다. 뿐만아니라 그것을 받아들이는 동시에 초월하는 진리를 제시한다."라고 했다. 그럼에도 그는 성경 전체에서 하나님의 초월성을 가장 잘 함축하고 있는 창조계시를 인정하지 않았다. 바른 믿음의 사람들이 성경을 계시된 말씀으로 이해하는 것을 당연히 여기는데도...

"계시는 결코 정보전달이 아니라 그것은 자연, 역사, 집단과 개인 그리고 말을 포함한 여러 가지 다양한 매개체를 통하여 발생할 수 있는 경험이다. 계시를 하나님으로부터 온 말이나 글이라고 믿는 것은 개신교의 함정이다."

그는 나아가 "아마도 지금까지 성경을 말씀과 동일시하는 것보다 말씀에 대한 성경적 교리를 더 곡해시켰던 것은 없었을 것이다."라고까지 발언했다. 성경을 알맹이와 껍데기로 구분하여 마치 별 쓸모도 없는 내용들이 성경의 많은 부분을 차지하고 있다고 생각했던 리츨(Alvrecht Ritschl)과 다르지 않다.

그러기에 그는 실제적 계시와 궁극적 계시로 구분하기도 하였는데 '전자는 존재의 힘이 언제 어느 곳에서 나타나든 그것을 나타내 주는 모든 사건과 경험들을 지칭한다. 후자는 여타의 모든 계시적 사건들과 경험들이 그 궁극적 지향점을 가리키는, 새로운 존재의 치유적 힘이 나타난 궁극적이고 타의 추종을 불허하는 최고의 사건(*주: 그리스도의 십자가사건을 의미하는 듯)을 가리킨다.' 예수께서 꾸준히 그리고 역점을 두어 행하셨던 개개의 치유와 퇴마와 여러 언설들을 십자가사건과 같은 그리스도로서의 결정적이고 중심적인 사역을 구분하려 했던 것이다. 그 정도는 용인할 수 있을 것이다.

기독론

그러나 사실, 그의 기독론은 심히 왜곡되어 있다. 예수 그리스도의 양성, 즉 신성과 인성을 받아들이지 않았고, 따라서 그리스도의 부활을 부인했으며 동정녀탄생, 승천, 그리고 재림 등을 비문자화(de oiteralize)하려 했다. 이러한 그의 태도를 볼 때 그는 그리스도의 우군이 아니라 그리스도의 적이 되려 애썼다 생각지 않을 수 없다. 일례로 요한은 그의 첫 번째 서신에서 예수께서 인간의 몸을 입고 세상에 오셨다는 것을 부인하는 자를 혹독하게 비판했던 것이다.

"나사렛 출신 인간 예수는 결코 산 적이 없다는 결론에 도달하게 되어 있다 하더라도 이 새로운 존재의 현존에 대한 믿음은 아무런 영향을 받지 않을 것이다. 그는 역사적 논증이 아니라 참여가 바로 기독교가 그 근거로 삼고 있는 사건의 현실성을 보장한다. 그것은 새로운 존재가 옛 존재를 정복한 인격적 삶을 보장한다. 그러나 그의 이름이 나사렛 예수여야 한다는 사실을 보장하지는 않는다."

인간 예수가 결코 산 적이 없다는 가정도 매우 잘못되었거니와, 만일에 그렇다 하더라도 그런 사실이 존재의 현존에 대한 믿음이 영향을 조금도 받지 않을 것이라는 한 것은 그리스도의 양성이 얼마나 중요한지를 몰랐기 때문이다. 하나님의 자기계시로 오신 그리스도는 그리스도의 사명을 이루기 위하여 한 여인의 몸에 나시는 지극한 비하를 무릅쓰셨다. 틸리히는 이 엄청난 의미를 간과했다. 그래서 그는 다음과 같이 말한다.

"예수는 하나님이 아니었고 신성을 가지지 않았다. 다만 그는 자기의 인성 안에서 그리고 그것을 통하여 전적으로 새로운 하나의 존재 질서, 즉 존재의 상태 아래 있으면서 소원(疏遠)의 상태에 참여하지만 동시에 그것을 극복하는 본질적 인간을 보여주었다." 자기의 발언을 스스로 뒤집는 것이다. 그는 소원의 개념을 중시했고 얼핏 일리가 있는 듯 보인다. "성경에서는 하나님과 예수와의 사이에 아무런 소원의 흔적도 발견할 수 없다. 그런 소원의 극복이 그리스도 됨이다." 그것은 하나님과 예수님과의 일치를 의미할 것인데 하지만 전통적인 양성기독론과는 거리가 멀다.

비판적인 결론

틸리히가 대단한 신학적 영향을 끼쳤고 대중적으로 유명인 사였지만 그의 신학과 삶이 성령에 의한 것이라 볼 여지는 별로 없다. 신학적 방향에 대한 나름대로의 독창적인 제안들이 있었음에도 그는 기독교의 중심교리를 대부분 곡해하거나 부인했다. 하나님의 천지창조, 그리스도의 양성과 동정녀탄생 등을 인정하지 않거나 적극적으로는 부인까지 했던 사람이 과연 하나님께 받아들여질 수 있었을까?

그가 평생의 노력 끝에 얻은 열매는 과연 아름답고 평화로우며 유익한 것이었을까? 무엇보다 그 자신 신 존재에 대한 확신, 다른 표현으로 구원의 확신을 가지지 못한 나머지 비존재의 불안에 시달렸다는 것은 불행하다. 예수 그리스도께서 자신의 모든 것을 내어놓기까지 우리를 사랑하신 그 사랑에 대한 믿음이 있다면 우리는 죽음을 편안히 바라볼 수 있었을 것이다.

순교자 본회퍼의 교수형 집행에 참관했던 당시의 검시관은 "이제까지 죽음 앞에서 그 사람처럼 편안한 모습을 보인 사람은 없었다."라고 증언했다. 본회퍼는 자신의 삶과 죽음을 온전히 하나님께 의탁했던 것이고 그것은 하나님께 대한 전폭적인 신뢰가 있었던 때문일 것이다. 틸리히의 비성경적인 여러 발언을 볼 때 그는 하나님께 말씀드리거나 하나님의 말씀을 듣는 친교가 없었던 것으로 보인다. 따라서 한 개인에 대한 세간의 평가가 중요한 것이 아니라 하나님 앞에서 어떤 태도로 살았는가. 즉 그가 성령의 인도를 어떻게 받았는가가 중요하다는 것을 새삼 떠올리게 된다.